ノーノーマル時代を生き抜く

リーダーシップの教科書

LEADERSHIP IN
NO NORMAL ERA

山本紳也

CROSSMEDIA PUBLISHING

はじめに

私たちはすでにノーノーマル時代に生きています。

2020年以降、新型コロナウイルス騒動（以下、コロナ禍）の影響もあって、〝ニューノーマル〟という言葉を目にすることが多くなりました。

実はニューノーマルとは過去にも使われたことのある言葉です。2008年リーマンショック時に「景気が戻っても以前と同じ状態には戻らない」という意味で、アメリカのエコノミスト、エラリアン氏が提唱したことにより、広く使われるようになりました。

今回コロナの登場で働き方やコミュニケーションの取り方までが変わり、今までの常識が通用しなくなり、〝ニューノーマル〟という「新しい常識」が生きる上で必要となってきたという意味で、日本でも一般的に使われた経緯があります。

人々の努力が実りコロナ禍が過ぎ去っても、デジタルによる変革（DX）が世の中の常識を変え、これまでとは異なるニューノーマルをスタンダードとして生きていく世界がくる、と識者は説きます。

しかし、その考えは変えた方が良いでしょう。コロナ以外でも、世界規模で想定以上の気候変動が世界を襲い、世界規模の半導体不足で製造業が混乱し、想定外の出来事で株価が乱高下し、生成ＡＩの登場で一気に仕事の効率性が高まるだけでなく、人の言動にも変化を与える時代、もう新しい常識の時代が来るのではなく、もはや常識というものが存在しない、変化し続ける時代、すなわち「ノーノーマル時代」に入ったと考えるべきでしょう。新しい常識を追い求めるのはもう止めましょう。

私たちは、すでにノーノーマル時代に生きているのです。

ノーノーマル時代、日本企業が変わるために求められていることは２つ。

1. **社員一人ひとりが常に、どうすればよいか（how）ではなく、何のためにやるのか（why）を考えるようになること。まさにパーパス（purpose、目的）を持つこと。**
2. **他人との違いを尊重した上で（DE&I）、対等に議論ができるようになること。**

この２つで、高度成長期、高度安定ビジネスモデルの上でつくり上げられた常識を打破することができ、ノーノーマルの時代を楽しみながら乗り切ることができるようになります。そして、その「場」をつくるのがリーダーの役割であり、今求められているリーダーシップです。その実現のためのインフラストラクチャでありツールなのが、パーパス経営であり、人的資本経営であり、そしてジョブ型人事の議論でもあります。これらの実行は目的ではなく、あくまで真に組織と個人が成長するためのツール（手段）でしかありません。これらが、また掛け声だけで終わったり、形だけの形骸化した空箱にならないためにも、一人ひとりのリーダーシップの重要性が増しています。

安倍政権で始まった「働き方改革」もこのノーノーマル時代の働き方に向けたインフラ整備のための政策だったはずでした。ところが、世の中は、「働きやすさ改革」の追求にばかり走り、肝心の「働きがい改革」が置き去りにされました。「働きやすさ」も社員が活き活きと働くのに必要な最低限の環境を提供するインフラとしては大切です。ただ、これは衛生要因でしかありえません。社員を動機付け、組織をイキイキ・ワクワクと働く社員の集団とするためには、動機付け要因たる「働きがい」が不可欠です。

「働きやすさ」は法整備や人事部門による就業規則や人事制度の改正で実現することができます。しかし「働きがい」は現場でしか生まれません。働きがいが、本当の意味でモチベーションやエンゲージメントにつながり、雇用獲得（退職防止）と成果創出につながります。この

「働きがい」のインフラ整備がリーダーの役割なのです。

「心理的安全性」も同じです。心理的安全性の真の意味は、遠慮や忖度なしで本音をぶつけ合い議論のできる場づくりです。優しさではなくリスペクト（相手を尊重する）の話です。人はみんな異なります。生い立ちや生活環境が異なれば、価値観や常識感が異なります。経験の違いから知識や知恵も異なります。だからこそ、心理的安全性の確保された場で、違いをぶつけ合い、議論を続ける中で新しいアイデアが生まれ、新しい発見があり、イノベーションや生産性向上につながるのです。

日本でチームワークに何が大切かと聞くと「和」というような答えがよく聞かれます。一方、多様性が当たり前のアメリカで、チームワークに何が一番大切かと問うと「リスペクト（尊重）」という言葉が返ってきます。相手との違いを理解し尊重した上で、議論を戦わせるのがチームワークだと答えます。実は、「和」は結果であり、プロセスではありません。多様で複雑な時代に求められている、まさにダイバーシティ・エクイティ&インクルージョン（DE&I）な組織が、心理的安全性につながります。このような場づくりが、リーダーに求められています。

友人のアメリカでも活躍したフォトグラファーから聞いた話を紹介しましょう。例えば、ファッションコーディネイター、メイクアップアーティスト、フォトグラファーなどプロフェッショナルが集まって作品をつくり上げるコマーシャル撮影の場で、アメリカだとそれぞれのプロが意見をぶつけ合い、お互いが納得するまで議論して作品をつくる一方で、日本では意見が対立すると何となくスポンサー（作品制作の素人）に判断を求めそれに従うと言います。結果、無難な作品はできるものの、革新的な、あるいは世界に通用するような作品はできにくいということです。

過去の常識や正解のあった時代ではなく、将来が誰にもわからない、常識（ノーマル）の存在しないノーノーマルの時代には、プロフェッショナル一人ひとりが考え、議論して意思決定に繋げるような場が求められます。

過去の常識や雰囲気を断ち切り、参加者全員が真剣に活き活きと働ける場をつくることのできるリーダーシップが必要なのです。

コロナ禍という想定外の事象によって、2020年、世界中で生活環境が変わり、それまでの常識が大きく変わりました。しかし、これはある日突然起こったことで多くの人が戸惑い困惑しただけであり、少し考えてみると、実はここ10年で、私たちの生活では多くの常識の変化が起こっています。スマホの登場だけでも、どれだけ私たちの生活が変わり、私たちの常識が変わったか考えればおわかりでしょう。待ち合わせがなくなりました。現金を使うことが激減しました。いつでもどこでも情報が取れるようになりました。あっという間にローカル情報が世界に拡散されるようになりました。

ＶＵＣＡという言葉を耳にされたことのある方も多いでしょう。英語の世界ではリーマンショック後の２０１０年くらいから頻繁に使われるようになりました。ＶＵＣＡとは、Volatility（変動性）、Uncertainty（不確実性）、Complexity（複雑性）、Ambiguity（曖昧性）の頭文字を並べたアクロニムですが、語源は１９９０年代後半、全く先の読めないアフガン戦争の野戦の中で生まれた軍事用語と言われています。これが、２０１０年代になって急にビジネスの世界でも使われるようになりました。我々はＶＵＣＡの時代に生きています。英語の世界では、最近はＶＵＣＡに変わり、ＢＡＮＩ（Brittle（脆弱性）Anxious（不安）Non-Linear（非線形性）Incomprehensible（不可解さ））という言葉も使われます。本書では、現時点ではより一般的なＶＵＣＡという言葉を使うことにします。

振り返ると、我々を取り巻くビジネス環境でも、グローバル化が加速し、多様な文化や歴史を背負った多様な人や多様な会社との付き合いが増えています。デジタル技術の進歩により急激な環境変化や過去の延長線上にはない変化が起こるようになりました。そのような時代に生まれ育った世代が出てくると、個人の価値観や考え方の多様性がさらに広がりました。今年売れている商品が来年以降売れ続ける保証が全くない時代。来月、突然新たな技術や商品が登場し、ビジネスの前提をゼロクリアされてしまうかもしれない時代。新しい技術の出現で日常のコミュニケーションの取り方まで変わってしまう時代。私たちの生きている現代は、まさにVUCAな時代＝ノーノーマル時代になったといえるでしょう。

この本の構想をしていたタイミング（2021年1月末）で、それまでの情報交換・発信や写真や映像の保存・交換を基本としていたSNSとは全く異なる、Clubhouseという音声のみのSNSが登場しました。数日で大騒ぎになり、参加した人たちが、色々な使い方を模索し、わずか1週間で大ブームになりました。テレビなどのマスコミでも取り上げられ、Clubhouseが人間関係の在り方を変えるのではないかという説までありました。しかしその年の夏には、ほとんどの人が利用しないますっかり影を潜め、Clubhouseは限定された一部の人たちのコミュニティーツールとして定着した感があります。

一方で、コロナ禍に利用の広まったzoomやTeamsのようなオンラインビデオコミュニケーションツールは、当初ビジネスユースだったものが個人ユースにも広がり、遠方にいる家族や海外にいる友人と気軽に話せるツールとして定着しました。このように、毎日の生活の最も基本であるコミュニケーションのあり方ひとつでも、数年前には想像もしなかった変化が起こっています。そして2022年にChatGPTの登場で生成AIという技術が身近になると、何かを調べることにとどまらず、文章を書いたり絵を描く手伝いや、行動や人生をAIに相談する人も増えました。

今後を考えると、仕事でもプライベートでも、かなりの活動が仮想空間メタバースの世界の中で行われるようになる可能性もあります。ただ、それがどういう世界なのか、それによって我々の生活にどのような変化が起こるのか、なかなか想像がつきません。多分、想像していてもその想像を超えることが起こるでしょう。

明らかに環境が変わるだろうことはわかる。でもどう変わるのかは全く想像できない。あるいは、想像を超えた何かが起こる。このように先が見えない、先の読めないノーノーマル時代には、どのような組織を目指すのが正解なのでしょうか。どのようなリーダーシップを発揮するのが正解なのでしょうか。

いや、正解などという言葉を使うこと自体が間違っていると考えるべきでしょう。世の中、先が見えないのだから正解などないと考える時代に入っています。ということは、これまでのように、中長期で目標を設定し、一致団結してその目標達成を目指して行動する、リーダーはその方向性を指し示し、引かれた線路から外れないようにマネジメントする。そのような組織マネジメントやリーダーシップのあり方はもう通用しないのかもしれません。常に多様な視点から議論が起こり、その結果、新しいアイデアが生まれイノベーションが起こる。でもそのイノベーションもすぐに陳腐化することさえ視野に入れておかなければならない。ひとつの絶対的な目標や解ではなく、ビジョンや強い想いを共有し、環境の変化にも常に柔軟に対応できる、そのようなしなやかな組織が、そしてそのしなやかな組織をつくることのできるリーダーが求められています。

本書では、ゴールの見えないノーノーマル時代に、身につけるべき10のリーダーシップコンピテンシーを解説しています。

コンピテンシー①　好奇心／Curiosity
コンピテンシー②　多様性の受容／Diversity, Equity & Inclusion
コンピテンシー③　謙虚さ／Humble
コンピテンシー④　傾聴／Active Listening
コンピテンシー⑤　倫理観／Ethical
コンピテンシー⑥　公平性／Fairness
コンピテンシー⑦　透明性／Transparency
コンピテンシー⑧　適応性／Adaptability
コンピテンシー⑨　俊敏性／Agility
コンピテンシー⑩　ビジョナリー／Visionary

これら10のコンピテンシーは、これまでの時代でも必要と言われてきたものです。特に目新しいものではないかもしれません。しかし、正解の見えないノーノーマル時代になり、より必要とされます。皆さんは、この中のいくつ身についているでしょうか。10個すべてにおいて、自信がありますと言える人は少ないでしょう。でも、振り返ってみてください。今までに「この人はすごいな。こんな人になりたいな」と思った上司。「この人の下で自分は成長したな。また、この人と仕事をしたいな」と思う先輩。あるいは仕事上の関係性ではなくても「こんな人になりたいな」と思った尊敬できる人。それらの人たちは、この10のコンピテンシーの多くを発揮していたのではないでしょうか。

この本を読むことで、少しでも自分自身のリーダーシップを振り返り、これからの自身のキャリアを考えるきっかけになれば幸いです。各コンピテンシーを解説する章末に、簡単な質問を設けました。ご自分のリーダーシップコンピテンシーの棚卸にお使いください。自分はすでに身につけている、と考えているコンピテンシーも含め、新たな視点で再点検をしてみてください。

本書が、ノーノーマル時代の羅針盤になれば幸甚です。

2024年12月
山本紳也

目次

CHAPTER 3

コンピテンシー① 好奇心／Curiosity

CHAPTER 4

コンピテンシー② 多様性の受容／Diversity, Equity & Inclusion

CHAPTER 8

コンピテンシー⑥ 公平性／Fairness

CHAPTER 9

コンピテンシー⑦ 透明性／Transparency

CHAPTER 13

優しく厳しいリーダーを目指して

CHAPTER 1

ノーノーマル時代に求められる組織

業績のいい会社の社員は元気がいい

コンサルタントとしてこれまで付き合ってきた数百の会社を振り返ると、この会社イイな！と思う会社は、社員が元気で笑顔が絶えず、でもしっかりと個々人が主張して議論ができており、結果として業績の良い会社です。このような会社と仕事をしていると、こちらまで元気になりますし、自然と熱い議論が起こり、そこから1人では考えつかなかったようなアイデアが湧いてきます。そのアイデアに対してまた議論が起こり、気がつくとみんながワクワクして仕事をしています。そんな場が自然とできてくるのです。もちろん、仕事ですから、大変なこともたくさんありますし、無理難題も降ってきます。でも、みんなが一緒に議論し、一緒に考えた仕事だと、また一緒に問題を解決し乗り越えることができるのです。そんな環境が自然発生的にできる。そんな職場は魅力的ではないでしょうか。

もちろん、業績の良い会社が結果として社員が元気なんだという見方もできると思います。しかし、それでは、何か外部環境理由で業績が落ちてしまったら、社員はバラバラになり元気もなくなります。やはり、関わる人の内発的な活気やモチベーションは大切です。

このような働く場のあり方は、ノーノーマル時代にはより重要になります。先が見えない、正解の存在しない中でも、組織は意思決定をし前進し続けなければなりません。そのような場では、常に人がポジティブかつ自由に議論ができ、議論の中で進む方向性を探し続ける、そのような場が求められます。「ワーク・シフト」で有名になったリンダ・グラットン博士は、『Hot Spots』という著書の中で、今の時代、多様なアイデアを持った人が熱く議論する場、ホットスポットからイノベーションは生まれると書いています。ノーノーマル時代には、そのような笑顔と共に熱く議論のある場が不可欠になります。

心理的安全性を高める

「心理的安全性（Psychological Safety）」という言葉をよく耳にするようになって久しいと思います。最近では、多くの企業で、よく使われるようになりました。

自分の言動が他者に与える影響を必要以上に意識することなく（忖度することなく）、感じたまま思いのままの考えや想いを素直に発言し、行動し、議論し合える環境や状態を示す言葉で、このような場づくりが、近年注目されています。

想いや考えをストレートに口にできる場＝心理的に安全な場が形成されることで、仕事へのモチベーションが高まるだけでなく、活発な議論の起こる場が醸成され、チームの成果創出や生産性向上につながります。心理的安全性を整えるためには、リーダーがまず自己開示をして自らをさらけだし、まずは自分がどういう人間かをチームメンバーに知ってもらうことで、話しやすい環境を自らつくることが重要になります。

そもそも、心理的安全性とは心理学用語で、組織行動学を研究するエドモンドソンが1999年に「チームの他のメンバーが自分の発言を拒絶したり、罰したりしないと確信できる状態」と定義されていました。その後、2016年にGoogleが「生産性が高いチームは心理的安全性が高い」との研究結果を発表したことから、一気にビジネス界で注目を集めるようになりました。Googleでは2012年から4年間をかけて、自社内で生産性高く成功し続けるチームの条件を探る「プロジェクト・アリストテレス」を実施。その結果、「心理的安全性の高いチームは、離職率が低く、他のチームメンバーが発案した多様なアイディアをうまく利用でき、収益性が高く、マネジャーから評価される機会が2倍多い」ということが判明したのです。

一般的に、人は社会人として、会社の社員として、上司として、部下としてのペルソナをもって(仮面をつけて)仕事をしているといわれます。会社にいるときでも、休憩中と接客中とでは話し方や態度を変えます。ペルソナは社会に適応するために欠かせないスキルですが、1日の大半が仮面を被って上司や社員として役割を演じていることになります。そうしたペルソナを剥がして、素の自分をさらけ出すことで初めて、お互いの理解が進み、信頼関係が構築され、本音の議論ができるようになるというのが心理的安全性の基本となります。

これまでのように、ある程度先が見通せ、明確な目標設定ができ、その目標に向かって敷かれたレールの上を、ある意味盲目的に突き進めた時代は終わりました。将来の見通しがきかない時代、過去の成功が将来の成功に結び付かない時代、ひとつの世界観で解決しない時代。このようなノーノーマル時代には、多様な価値観を共有し、多様な考えを本音でぶつけ合える場を持つことが不可欠です。その場づくりが心理的安全性に他なりません。

本心をさらけ出すことをあまり美徳とは捉えない文化も日本にはあります。それを否定するつもりはありません。しかし、多様化が進む中でお互いの理解を深め、本音で議論し、イノベーションを起こしていくには、自己開示は今後より必要になります。

心理的安全性が高い職場をつくるには

心理的安全性の定義に従うならば、心理的安全性の高い職場とは「チームが対人リスクをとるのに安全な場所であるとの認識をチームメンバーが共有する状態」だといえるでしょう。チームのメンバーみんなが、思ったことを自由に発言したり、行動に移したりすることで対人関係を損なうことはないと思えている状態です。

職場で「信頼されている」「尊重されている」「必要とされている」と感じられ、双方の信頼感も高まることで気持ちが楽になり、だからこそ、自分をさらけ出し、自分の考えや想いをストレートに伝えることができ、結果、今まで以上の成果を出せるようになるのです。

しかし、心理的安全性のある職場は、自然とできるわけではありません。時には、意図して職場やチーム内に心理的安全性を構築することが求められます。

例えば、新たなプロジェクトが立ち上がったり、新しいチームができた時、できるだけ早くチームビルディング・セッションを行うということは聞いたことがあるのではないでしょうか。一見、お遊びと思えるようなゲームをしたり、一緒に料理をするなどです。その目的は、本来の自分をさらけ出し、自己開示しやすい場を用意することによって、メンバー同士の心の距離を縮めて信頼関係の土台をできるだけ早くつくるというものです。

例えば、自己紹介も簡単な挨拶だけにとどめるのではなく、一人ひとりが十分に時間を使って、自分のこれまでの歴史や趣味をメンバーに語ります。嬉しかったこと、つらかったこと、メンバーに知ってほしいことなどを吐き出します。

ダイバーシティが進んだ企業では、多様な文化や価値観、思いもしない経験を持つ人達が集まります。自分とは全く異なる文化や経験にみんなが驚き、興味を持ちます。実にさまざまな質問が出て盛り上がります。その結果として、相互理解が促進し、信頼度が高まることになります。

まず、ここから始めることを考えます。

話すこと、伝えること以上に、聴くことを意識することも必要です。みんなが自己開示し自身を語れるようになるには、周りの人たちが興味を持って聴くということが重要です。聴き上手の人の前では誰もが饒舌になります。聴き上手な人が増えることで、その場にはバリアがなくなり、誰もが本音で話せる場が形成されます。

心理的安全性がなかなか根付かない日本の組織文化

残念ながら、企業に限らず、日本にはこの心理的安全性のなかなか根付かない文化が根底にあるようです。「出る杭は打たれる」「能ある鷹は爪を隠す」「言わぬが花」などのことわざにもあるように、人と違うことをしたり、人に先んじて発言したりすることを、差し出がましいと感じる文化があります。また、「差し出がましい」「余計なお世話」「僭越」というような言葉も他言語に翻訳の難しい、日本特有の文化を表しています。自分の思いを胸の奥にしまっておく「つつましさ」を美徳とする文化を表しています。決して、この文化を否定するつもりはありません。ただ、「つつましい」というだけなら良いのですが、それが組織として、問題点を放置し、課題解決を停滞させることにつながるのであれば、それは問題です。結果として、様々な悪習が文化としてはびこることは、現実に多く目の当たりにしているでしょう。

私が日本企業と付き合ってきた中でも、以下のような風土の会社を多く見てきました。

1．自分ごとに落ちない他責文化

伝統ある日本企業で働いていると、その終身雇用と年功序列という環境の中で、自分の責任で、自分で考え行動するのではなく、上から指示された行動をとるという文化になれてしまい、当事者意識を持って自分の責任で考え、自身の判断で実行することができていないことが多々あります。例えば、ある施策を実行すべきかどうか考えるようなとき、「あなたはどうすべきだと思いますか」「あなたはどうしたいですか」と問うても、「うちの会社では……」「うちの上司の考えは……」という回答が返ってくることがよくあります。自分で考え、理解と納得の上に能動的に行動することが身についていないケースです。

社内の議論や会話の中でも、何かを問われた時の返答が言い訳から入るケースが多くみられます。自身の責任範囲の業務にサポートで入っているスタッフについて、「派遣元がちゃんと事前教育ができていないから計画通りに進まなかった」と言い訳をする。それに対して派遣元は、「ちゃんと教育研修はしているのですが」と言い訳をする。これらは丁寧な敬語のやりとりで行われており、一見きちんと対話しているように見えますが、これはただお互いが主張をしているだけの責任の押し付け合いです。仕事や現場の状況がどうしたら改善できるのか、より生産性の向上に結びつくのかという論点で前向きな議論がされているとは言えないでしょう。

こういう場合の多くは、本人たちは無意識のまま発言しています。もちろん悪気があるわけでもありません。そもそも、多くの社員が、仕事で何を達成したいのか、何を得たいのか、また、仕事の前に自分がどうありたいか、どう生きたいか、そのための仕事として結びつけて考えられていないのではないでしょうか。最近の言葉でいうと、キャリアビジョンの欠落でしょう。

あるメガバンクで支店長クラスの方々を対象にオフサイト研修を行ったことがあります。その研修は、日常業務から離れ、5年後10年後、自分自身どういう仕事をしていたいか、どうなっていたいか、どういう組織で仕事をしていたいか、そういった個人の想いやビジョンについて語り合い、お互いに議論し気づきを得る場でした。場所は会社の研修室ではなく郊外のホテルを借りたオフサイトで、服装もビジネスカジュアルのリラックスして本音で語ることを目的とした研修でした。

私が参加者の発言に耳を傾けていると、皆さん会社視点での立派な意見は持ってはいるものの、自分の思いが発言として全く出てこないことに気づきました。「うちの銀行は」というように、どうしても主語が銀行だったり、部署だったり、あるいは役職としての自分であったりという語調に終始してしまうのです。

これを見かねた私は言いました。

「1人の人間として、5年後10年後あなたはどうしていたいと思うのですか？　何をやっていたいと思いますか？　自分の想いや夢を語りましょう。」

しかし、このように私が聞いても、やはり彼らからは「いや、何をやっているかは会社が決めることだし」「まだ、支店長やってるんじゃないですか」と、まるで他人事のような発言で、支店長という役割としてどうすべきかという意見しか出てこないのです。そもそも彼らはなぜ私がそのようなことを尋ねているのかすら理解できません。

長年、与えられた仕事をまっとうすることに慣れてしまい、自分の演じている役割と本来の自分の区別がなくなってしまっています。また、その役割もあくまでたまたま与えられた仕事で、自分ごととして落とし込めていないのです。

2. オーセンティックにならない集団目線の文化

自分ごとに落ちないと当然、オーセンティックリーダーシップは達成できません。組織に所属しているわけですから組織のルールに従って動くのは当然です。特に日本のようなメンバーシップ型の雇用で、組織に属する雇用契約では、就業規則に従って行動することが雇用契約の基本になります。(この背景にある雇用の特徴についてはコラム⑥で解説します)

社員は、当然就業規則には従わなければなりません。しかし、就業規則に書いていないような、自分の価値観に基づく判断の領域に至っても、自分の価値軸ではなく、どうしても会社の価値軸や上司の考えに従わなくてはならないというような風土が日本企業にはあるのではないでしょうか。

ちょっと違う視点から、この問題を考えてみましょう。企業の不祥事がニュースでよく取りざたされていますが、これは日本に限らず海外でも同じです。

ところが日本と海外では、大きく違う点があります。海外の不祥事のニュースを見ると、多くの場合、その動機は「個人の私欲のためにやった」ということがよく見られます。

これに対して日本人は「会社のためにやった」という理由がよく聞かれます。

どちらも悪いことには違いないのでどちらが良いという話ではないのですが、こういうニュースを聞くにつけ、日本人の組織に縛られている病癖、自分をなくしている病癖を心配せざるを得ません。会社のために自分の人生を犠牲にするのは美徳の域を超えています。これも組織の価値軸に縛られ自分の価値軸を見失っている結果といえます。自分自身はどういう人間でありたいのか、どう生きたいのか、こうした一番重要であるはずのことをないがしろにしていることが、会社での色々な行動に派生しているのです。

3. 〝やる／やらない〟と〝できる／できない〟の論理整理ができない文化

昔から、日本人は事象をロジカルに整理することが苦手だと言われます。国会討議を見ていてもそうですが、何を話しているのか、何が目的なのかがわからなくなることが多々あります。新商品開発でも、業務プロセス改革でも、人事の制度設計でも、会社として〝やるのか、やらないのか〟、〝必要か、必要ないか〟を議論するところに、できるか、できないかの視点を持ち込んでしまうことがよく見られます。何をやるべきかを決める前から、できるかできないかの話をしていることが多いのです。この2つは全く別物であって、切り分けて考えなければいけません。

ある企業の部長ワークショップで、「『成果評価上は、結果が出ていないと評価できない』というけれども、頑張ったにもかかわらず環境の問題で結果が出なかった人間は評価すべきではないのか」という意見が出ました。私が「頑張った人には、具体的に何を頑張ったかを見てあげて、行動や能力を見る指標で評価しましょう。一方で、成果評価はあくまで結果で評価をするということに、切り分けて考えるとよいのではないでしょうか」といくら説明しても、その方には理解していただけませんでした。「結果や成果は大事だけれども、本人は頑張っているんだから」を繰り返されていました。理解できないというより、因果関係や過程と結果を切り分けて考える訓練がなされていないのでしょう。

4. リスクは取らずに避ける文化

1に述べた言い訳と通ずるところもありますが、〝リスクは取る〟のではなく、〝リスクは避ける〟という文化があります。

この場合、できない理由探しから入ります。サントリーの創業者、鳥井信治郎氏のように「やってみなはれ」というスタンスではなく、「本当に大丈夫なのか」という発言が先に立ちます。これではチャレンジは生まれません。これまで、石橋を叩いても渡らない上に、減点主義的マネジメントを続けてきた結果、このような文化になったのでしょう。また、他人にリスクを押し付け、他責にしようものなら、その組織内に信頼関係は絶対に生まれません。

日本経済が停滞した平成の30年間で、この傾向がより強くなったという声も聞きます。昭和の時代は、石橋を叩いて渡っていたのに、最近は、いつまでも石橋を叩き続けている。あるいは石橋が壊れるまで叩き続けろと言われている気がする、という声も聞きます。

現場目線での改善改革が前に進まないのも、それぞれにリスクを避ける、「言い出しっぺ」になることを避けるような面があるのかもしれません。

長年続けてきた商品の売り方を変える時、広告のあり方を変える時、新商品の発売の検討場面で、製造工程を見直す時、リスクの議論ばかりしていて、なかなか意思決定ができずに後手後手に回ることがよくあります。

もっと身近な例では、出張報告書など紙の書類提出など、これだけ「無駄をなくす」「生産性を高める」と議論していながら、やめるという決断ができる人がいません。上司に誰が鈴をつけに行くかという議論が始まってしまいます。こういうものも、リスク回避文化の最たるものでしょう。

5. 内向き短期志向にならざるを得ない文化

伝統ある大手日本企業とお付き合いをしていて感じるのは、とにかく、外の世界に興味がない方が多すぎます。毎日の決まった生活や自分の仕事に関係のあること以外に好奇心を持たない人が多すぎます。VUCAの時代といわれる将来の見通しのきかない時代だからこそ、変化の激しい環境に視野を広げ、未来の方向性を見据えることが求められてきます。まずは現状起こっていることを直視すること、そしてそれが意味していることを注意深く考察すること。これをしないことには、未来など見えてくるはずもありません。

ところが、それぞれの業種で、最前線に立っている管理職の方々が、こうした現在の社外や業界外の動きに無関心なことが非常に目に付きます。トヨタより遥かに時価総額の高い中国のIT企業を全く知らないIT企業の部長。「銀行がシステムを発注するのではなく、Fintechが金融をコントロールするようになるのでしょう」と、いくら話しても他人事なメガバンク系IT開発者。「いやいや電気自動車が本格的に普及するのはまだまだ先でしょう」と話しながら、電気自動車に乗ったこともない自動車メーカーのマーケティング部長。「欧州では圧倒的に自然エネルギーが伸びていて、原子力発電の議論すら聞かないですよ」と話しても、「ヨーロッパの話でしょう」と全く関係ないと決め込む電力会社役員。「AIってまだまだ間違った答えを出してくるんでしょう」と言いながら、生成AIを使ったこともない多くの社員……。枚挙に暇がありません。

生成ＡＩを使ってみることもせず、メタバースの世界で実際に生活やビジネスが始まっているということに全く興味を持たずに、将来のビジネスビジョンを語っていて大丈夫なはずがありません。

10のリーダーシップコンピテンシーの１つ目「好奇心」の欠如です。

ウォーミングアップ　多様性視点の練習

10のコンピテンシーの話に入る前に、まず、頭の体操をしてみましょう。

実は、本書を書くことになったきっかけのひとつに、世代間ギャップの問題があります。「最近の若い者は……」。大昔からいつの時代も言われてきた言葉です。世代間ギャップは、いつの時代でも起こってきました。ただ、どうもそのギャップが大きくなっています。

少し前までは、世代というと一回り（10〜12年）程度の差を指していましたが、最近の若者は、数年違うと世代が違うという感覚です。

大学では上級生が「今年の新入生は理解ができない。どう話していいかわからない」とよく話しています。数年の違いで理解ができないとなると、会社で一回りも二回りも上の上司にとって若者の理解が難しいのは当たり前です。

「これまでの常識が常識でなくなる」ということは、この先起こることだけではなく、現時点でもすでに若者とベテランや育った環境の違いにより起こっています。例えば、ノーノーマル時代のベースとなる「将来は予測できない」という基本観念は、若者の方がはるかに敏感に察知しています。答えのない、先の見えない時代に生まれ育ってきたからでしょう。

一説には「最近の若者は……」に近い表現は、古代エジプトの資料にもそうした記述があるそうですから、ギャップを埋め、価値観を統一し、お互いがすべてを理解するということは不可能と考えていた方が良いのかもしれません。

しかし、自分より若い世代の視点を知ることは、ノーノーマル時代のコンピテンシーを鍛えるための格好の教材となりえると私は思っています。フラットに、お互いにどう思っているのか、どういうギャップがあるのかを知り、示唆を得ることは、時代に敏感になるために不可欠だと考えます。自分の価値観が唯一無二の価値観ではないということに気づけるのもそうですし、何より、現在の若者世代が、ノーノーマル時代を、「ビジネスのお題目」ではなく、まさに生きるための環境変化として、一番敏感に感じているからです。彼らの言い分に耳を傾け、少しでも実感できる部分を高めることが、ノーノーマル時代のコンピテンシーを獲得する近道になるでしょう。

（ここでいう若者とは、昭和生まれの人からすると平成生まれの人でしょうし、平成生まれの30代20代社員からすると、今の大学生や高校生と考えてよいでしょう。自分より後から生まれた人は、自分より将来の変化に敏感だということです）

このようなことに気づいたことはありますか。

重要な顧客との連絡や重要案件を伝える時に、昭和世代はメールでは失礼だから電話をすべきだと考えていたのに対し、若者の多くは、相手の思考や行動を遮る電話は失礼であり、メールやチャットで連絡すべきだと思っています。

これはある意味、若者の考え方の方が理にかなっているでしょう。実際「私はなかなか捕まらないからメールで要件を入れてください」と言っているのに、「いやいや、メールでなんて失礼な」と、何度も留守電を入れてくるクライアントがいました。正直イライラします。これを上司の指示で若者がやらされているとしたら、若い社員はやる気が出ないでしょうし、退職につながるかもしれません。

メールとチャット、いずれもコミュニケーションツールですが、メールの進化系がチャットだとか思っていませんか。コミュニケーション上、メールとチャットは全く異なるものだと理解していますか。

メールは手紙やファックスの延長線である伝達ツールです。自分の考えをまとめて、相手に伝えるためのツールです。一方、チャットは電話が置き換わった対話のツールです。この違いに、気づいていない人は意外と多いものです。

そのため、メールに慣れてきた昭和世代は、チャットでもダラダラと文章のやりとりをし、使いにくいと嘆きます。一方、チャットしか使ってきていない若者は、メールのお作法がわからず、最初の挨拶文をとばしたり、まとまった伝達文書が書けない、ということが起こります。

結果、それを見た双方が、「わかっていない。あいつらダメだ」と互いに思っている状態が放置されているのではないでしょうか？

こういった小さなギャップの積み重ねがコミュニケーションギャップを生み、相互信頼関係を築けず、心理的安全性には程遠い組織となり、結果、組織の生産性低下を招いています。

CHAPTER 2

ノーノーマル時代における10のリーダーシップコンピテンシー

オーセンティックリーダー

ビジネスの世界で、オーセンティシティとか、オーセンティックリーダーシップという言葉を耳にするようになって久しくなります。オーセンティシティの翻訳は、信憑性、信頼性、真正性などと訳されますが、ビジネスで使う場合、「嘘偽りない自分らしさ」というようなニュアンスでしょうか。オーセンティックリーダーシップというのは21世紀になって出てきたリーダーシップ理論です。

現在の理論の源は、エンロンの不正会計事件などで経営倫理が問われていた2003年、メドトロニックの元CEOでハーバード大学で教鞭をとっていたビル・ジョージ氏によって書かれた論文だといわれています。ただ、やはりこれを日本語にして説明するのはとても難しいのですが、一般的には「倫理観を重視し、自分自身の価値観や信念をしっかりと理解し、自身の考えや想いに根ざした自分らしいリーダーシップ」というように説明できます。

私は、これまで、グローバルで多様な時代、ICT／DXで変化の激しくスピーディーな時代には、小手先の改善や対策的方法論は通用せず、目先の情報に惑わされない、自分自身の価値観に根ざした判断や意思決定が重要で、自分らしさを前面に押し出したリーダーシップが求められていると話してきました。しかし、正直、頭では理解して話していたのですが、肌感覚で理解し実践できていたとはいえませんでした。

この感覚が、コロナウイルス感染症蔓延により一晩で変わりました。コロナ禍によってもたらされた逃げ場のない真のVUCA環境が、オーセンティックリーダーシップの意味と意義を指示してくれました。

VUCAの時代という言葉も、ここ10年よく耳にしてきましたし、自分でも使ってきました。そして、いよいよ本物がやってきたと理解させてくれたのがコロナでした。

2020年春の国会で、こういう場面がありました。緊急事態宣言を出すかどうかの議論がされていた時、野党議員が当時の安倍首相に対し「その根拠は何ですか？ その根拠はどこにあるのですか!?」と迫っていたのです。「根拠？ 何言ってるんだ！ その質問がナンセンスだろう！」と思った方も多かったのではないでしょうか。根拠があったら誰も悩まない。根拠がなくて、正解がないから、世界中のリーダーが苦悩していたのです。世界最高峰の専門家が今日Aと言っても、明日にはBに変更せざるを得ないかもしれない。まして1カ月後どうなっているかなど、誰にもわからない。これが真のVUCAの世界なのだと、コロナが実感させてくれました。そして、その誰も先の見えない環境下で、リーダーは自身の信念の下で意思決定をし、人々に説明して納得を得なくてはいけない。これがオーセンティックリーダーシップなのだと、コロナが教えてくれました。

コロナ禍はVUCA時代を肌感覚で理解させてくれました。しかし、コロナ禍に限らず、AIやバイオテックなどのテクノロジー、自然災害、自然環境破壊など、想定を超える環境の変化が常に起こりうる現在、まさにVUCAの時代に入ったのだといえるでしょう。このVUCAの時代、あらゆるリーダーは、正解がなく、根拠のない中で、それでも意志決定（Decision Making）をしなくてはならない立場に立たされます。今までの世の中と明らかにパラダイムが変わったのです。

正解が存在し、正解に導く戦略を考え、戦術を実行し成功を得られた時代、人は過去の成功者をリーダーと呼び、人の持つ過去の成功や実績についていきました。しかし、将来が見えず、正解のなくなったVUCAの時代には、人は人の過去ではなく、現在の〝人〟そのものについていきます。私が若かった時代、過去に高い実績を上げている上司、成功経験を持っている先輩に学び従い、ついていきました。何の経験もない自分より、実績や成功や失敗経験を持った先輩の方が正解に近いと思え、そのような人と働くことで学べる時代だったといえます。これはこれで、過去においては間違いではありませんでした。

ところが、今は違います。今の新入社員は、上司や先輩の実績や成功談を聞いて、「すごいですね」と客観的には思うかもしれませんが、それが必ずしも将来の成功につながるとは思わないでしょう。「すごいですね」の後に、「それって将来の成功と何か関係あるんですか？ 過去の成功って、これからのことに関係ないですよね？」と続くのが本音でしょう。過去の常識や成功が意味を持たないノーノーマルの時代、リーダーシップのあり方が変わっているのです。

ノーノーマルの時代、人は過去の実績ではなく、〝人そのもの〟についていきます。この人と一緒に働きたい。この人なら信用できそう。この人と一緒なら自分が成長できそうな気がする。人はそんなリーダーを求めています。過去の実績を振りかざし〝俺についてくれば大丈夫〟という、他人に対して強いリーダーの時代は終わりました。

では、ノーノーマルの時代に求められるリーダーはどのような人なのでしょうか。過去の実績ではなく人そのものを他人にわかってもらえるためには、透明性を持って自己開示ができ、他人からもわかりやすい必要があります。そして何より、本人が自分を理解し、他人以前に、自分自身をリードできている必要があります。これからのリーダーは、自分で自分自身を客観的に理解し、自分自身をリードし、自分自身をさらけ出せる、そんな人間力を持った人が求められています。自分自身の価値観を理解し、強み弱み、得意不得意を理解する。自分自身が何を目指し、何をしたいのか、どうなりたいのかを理解し、そのために自分自身をリードし行動する。そして、それを他人に語り伝えることができる。そんなリーダーが求められています。これがオーセンティックリーダーです。

先の見えないＶＵＣＡの時代、常識が存在しないノーノーマル時代、リーダーの仕事は独りよがりで目標を定め、強い力で強引に人を束ねて率いるものでは通用しません。将来の展望が描けない、正解が存在しない、明日何が起こるかわからない時代、それでもついて行こう、一緒に働こうと思えるリーダーが求められています。

ＶＵＣＡの時代、１人ですべての情報を把握して、決断し、方向性を定めることなどできません。将来の方向性を定めて１人で責任を負うなどということは不可能です。周りの人々も、それでは不安です。１人に人生を預けることなどリスクが大きすぎます。将来が見えないということは、誰しもにとって不安なのです。今まで以上に安心感を与え、一緒にやってみよう、一緒にやるとやりがいがありそうだ、その中で自分も成長できるかもしれない、そのように思わせてくれる、そんなリーダーが求められています。

10のコンピテンシー

ノーノーマルの時代、リーダーには、次の10のリーダーシップコンピテンシーが求められます。

まず第一に、①好奇心（Curiosity）を持つことです。膨大かつ多様な情報が飛び交い、明日何が起こるかわからない時代、まずは、何にでも好奇心を持ちアンテナを張り、情報を取りにいく姿勢が大切になります。上場すると時価総額が数千億円と言われるユニコーン企業を「私は興味がない。知る必要はない」「自分のビジネスに直接関係ないので知らない」というスタンスで、グローバルビジネスはリードできません。そもそも、そんな人と一緒に働いても面白くないでしょう。

次に求められるのが②多様性の受容（Diversity, Equity & Inclusion）です。多様な価値観、多様な常識感、多様なニーズの中でビジネスを営み生活する今日、多様性を理解し、多様性を尊重する。それなくして発展はありませんし、まず自分が受け入れないことには、他人からも受け入れてもらえません。リーダーとしては必須のコンピテンシーといえるでしょう。

先に書いたように、これからのリーダーは情報収集ができる人でないと務まりません。好奇心を持ち多様性を受け入れるスタンスは、情報を入手するために不可欠となるマインドセットです。

そして、その受け入れる姿勢に不可欠なのが、③謙虚さ（Humble）と④傾聴力（Active Listening）です。謙虚でなければ、人は話してくれません。情報が入ってきません。もはや傲慢なリーダーは通用しません。そして、傾聴力が伴うことで、より情報を引き出すことができ、さらに情報源が強化されます。また、この謙虚さと傾聴力のあるリーダーの下で人は自立性、自発性が高まり成長します。これらは決して新しいリーダーシップコンピテンシーではありません。松下幸之助氏に関する書を開くと、必ず出てくる「素直」という考え方と全く同じです。

次に、これからの時代のリーダーに不可欠なのが、⑤倫理観（Ethical）と⑥公平性（Fairness）です。SDGsが世界的に議論され、お金よりも社会貢献が大事という若者が増えていることからも明らかなように、倫理観の重要度がますます高くなっています。そして、公平性です。部下を公平に扱う、というレベルではなく、多様な社会の中でフェアな考えを持って行動しているかが重要です。

さらに、先にも書いたように、これからのリーダーには、⑦透明性（Transparency）が求められます。何を考えているかわからない、どこで何をしているかわからない、私生活の見えない、ミステリアスなリーダーの時代は終わっています。誰からも素の自分が透けて見えることが求められます。

そして、先の見えないVUCAの世の中だからこそ、常に変化に敏感で対応できなければなりません。⑧順応性（Adaptability）があり、⑨俊敏性（Agility）を持って変化への対応ができることが求められます。

これらすべてのベースとなるのが、⑩ビジョナリー（Visionary）であることです。環境の変化を敏感に察知し、変化に俊敏に対応し変化しなくてはいけない時代だからこそ、その判断と行動の裏には、常に不変であるVisionを持っていることが重要です。

この10のコンピテンシーは、個々には目新しいモノではありません。私が多くの企業と関わりを持ち付き合いを続ける中で、その必要性を強く感じ、また多くの人が重要だと強調され、わかっていてもなかなか身についていていない、これからの時代のリーダーには不可欠だと思う10をリストしました。

ノーノーマル時代に求められる10のリーダーシップコンピテンシーについて、なぜそれらが重要なのか、それを実現するためにどうすればよいのか、順を追って紹介していきます。

CHAPTER 3

コンピテンシー①
好奇心
Curiosity

好奇心がすべての入口

好奇心とは、「自分の知らないことや新しいこと、珍しいことなどに興味を持ち、ものごとを探求しようとする根源的な心。自発的な調査・学習やものごとの本質を研究するといった知的活動の根源となる感情」をいいます。先が読めない時代、ピンポイントで目標が設定できないような時代だからこそ、できるだけ多くの情報を貪欲に取り入れ、そこから何かを見つけ、気づき、深掘りし、新しいビジネスの種を見つけだすことが求められています。そして、それを楽しめることが大切です。その入り口となるのが好奇心です。すべての入り口が好奇心です。目の前のこと以外に興味がない、好奇心を持てないのは致命傷です。

今まで一緒に働いて、楽しかった人、尊敬できた人を思い出してください。好奇心旺盛な方ではなかったでしょうか。何でもよく知っているなという人は必ず好奇心旺盛な人です。周りを見回して、活き活きしている、一緒に居て楽しい、面白いと思う人の多くは、何にでも興味を持って取り組む、雑学が豊富な人ではないでしょうか?

そんな人と働いた方が楽しいし、自分も知識が付くと思いませんか?

世代を超えて、多くの人が好奇心旺盛な人を求めています。興味の幅が広い人、興味を持って話を聴いてくれる人、物知りで学びの多い人、多様な視点を持っており一緒に居るだけで学びの多い人、そんな人たちと働きたいのです。

ちょっと古い話になりますが、2020年、トヨタ自動車は静岡県裾野市に「ウーブン・シティ(Woven City)」と呼ばれる実験都市を開発するプロジェクト「コネクティッド・シティ」を発表しました。

この発表を聴いたときに、なぜトヨタが都市づくりをするのか考えましたか？　ここで何が行われるのか、ここから何が生まれるか、ワクワクしましたか？　あるいは、疑問に思いましたか？

今日現在の企業の時価総額、世界のトップ10、いくつ言えるでしょうか？　では、日本企業の時価総額トップ10はいかがでしょうか？　トヨタ自動車の時価総額は世界何位くらいだと思いますか？　では、売上規模ではどうでしょうか？　世界で一番売上規模の大きな会社はどこでしょうか？

自分の仕事に直接関係ないかもしれませんが、そんなことに興味を持ったことはありますか？　今これを読んで「わからない！」で終わっていませんか？　すぐにネット検索しましたか？

ロシアがウクライナに侵攻し、ガザではイスラエルがパレスチナを攻撃しています（この本を執筆している段階では共に終わりが見えていません）。実際に何が起こっているかご存じでしょうか？ これらの歴史的背景はどのくらいご存じでしょうか？ 日本の日本語のメディアではなく、他の国のメディアの報道を確認したことはありますか？ ロシアのウクライナ侵攻では、本当にロシアが一方的に悪者なのでしょうか？ イスラエルのガザ攻撃に対して、イスラエル批判の報道が少ないとは思いませんか？ 正解を求める必要はありません。ただ、興味を持って客観的に考えてみたことはありますか？

2022年11月にオープンＡＩ社がChatGPTを公開して、一気に生成ＡＩ（Generative AI）ブームが来ました。生成ＡＩとは何かを説明できますか？ そもそも生成ＡＩを使っていますか？ 使ったこともなく「良いの悪いの」と話していたりしませんか？

私がこの本を書いている時とこの本が出版される時、さらには皆さんがこの本を読んでいる今で、生成ＡＩのできること、その能力は全く異なっているでしょう。ＡＩの進化はそのくらいのスピードです。毎日、好奇心を持って気にしていないと、あっという間に取り残される時代です。

SNS（ソーシャル・ネットワーキング・サービス）は、毎日で使っていますか？ どういう時に、どのSNSを使っていますか？ Facebook、LinkedIn、Instagram、X（旧Twitter）、TikTok、LINE、WhatsApp、WeChat、BeReal、Lemon8、Snapchat……いくつ知っていて、いくつ使っていますか？ 若者に聞くと、もっと違うSNSも出てくるでしょう。

使うSNSによって、コミュニケーションの取り方が変わることに気づいていますか？ 電話からメールに、そしてスマホが出てきたときと同じです。コミュニケーションの常識が変わります。これにより世代間ギャップが生じたり、ミスコミュニケーションも起こるのです。

それだけではありません。「インスタ映え」という言葉はご存じでしょう。でも、それがどういう意味を持つかを考えたことがありますでしょうか。インスタグラムは元々は旅行や食事に行った先で写真を撮って共有するツールでした。それが、いつしか人は、インスタ映えする写真を撮ってインスタグラムに投稿するために、インスタ映えする名所や食事に行くようになりました。人の行動を完全に逆転させたのです。これが本当の意味で、皆さんが良く使っている言葉、DX（デジタルトランスフォーメーション）です。デジタル技術が常識に変化を起こしています。

こういう話を持ち出したのは、皆さんが世の中の流行やものごとを知っているか知らないかということを問いたいのではありません。世の中で流行っているモノ、新しいモノに興味を持っているか、世の中の動きに興味を持っているか、そしてそれが世の中の変化にどう影響しているかという「好奇心」を持っているかどうかを確認していただきたかったのです。VUCAの時代だ、変化の時代だ、モノではなくコトを考える時代だ、と言っているわりに、多くの人は世の中の情報に無頓着です。

毎年、何兆円という新しい市場がネットの中で生まれています。世界は我々が思っている以上に地球環境に敏感で、真剣にSDGsに取り組んでいます。経済のグローバル化は進んでいますが、政治の世界ではナショナリズムが進んでいませんか。中国の経済成長が鈍化したという報道はよく見ますが、それは日本を含む他の国にとってプラスですか？　マイナスですか？このような世の中の流れに好奇心を持ってついていけないと、少なくとも好奇心をもって意見を持てていないと、これからの時代のビジネスリーダーとして適任とは言えないでしょう。

数年前、ある大手企業の管理職研修で、数億ダウンロード以上のSNSアイコンを12個並べて見せ、「いくつ知っていますか？　いくつご自身のスマホに入っていますか？」と聞きました。ほとんどの人は、LINEだけだとか、せいぜい、FacebookとX（旧Twitter）を使う人がいるくらいでした。

研修後にひとりの課長が笑いながら話しかけてこられました。「先生、私、そもそもスマホを持っていないのですよ。ガラケーなのでSNSはゼロですよ。でも、これで別に何も困らないですよ。不自由ないですよ」とガラケーを見せられました。その時は、正直ショックで「いやあ、スマホ持ちましょうよ」としか言えなかったのですが、心の中では、「違うでしょう！困らないじゃなくて、困らなくちゃダメなんですよ！」と思っていました。考えてみてください。たしかに直接仕事には関係ないのかもしれませんが、興味を持つ人と持たない人で、大きな差が生まれるのです。あなたは世の中の流れに取り残された上司の下で働きたいですか？

好奇心から生まれたビジネス

実は、我々の生活に欠かせないような商品にも、ひとりの人間の好奇心から生まれたものは沢山あります。
ポストイット：　3M社で偶然開発された何度でも貼ってはがせる接着剤を、教会で立って唄う聖歌隊の楽譜のしおりに、使えないかという好奇心から生まれた。
カップヌードル：　常に「安くどこでも食べれる食品」を目指していた、日清食品創業者の安藤氏が、アメリカでカップでインスタントヌードルを食べている人を見て発想。

ウォークマン：　音楽を愛していたソニーの共同創業者大賀氏から「飛行機でも音楽が聴きたい」という一言を聞いた、共同創業者盛田氏の好奇心から開発がスタート。
ファミコン：　任天堂の山内社長の「家庭で手軽に遊べるゲーム機があるといいのでは？」という好奇心から開発がスタート。
ウーバー：　ウーバーの創業メンバー、ギャレット・キャンプ氏がサンフランシスコ市内で中々タクシーが捕まらないので、スマホで配車できないかと考えた好奇心から開発。

ここで紹介したのは、全て世界的に大ヒットをした有名な商品ばかりですが、実はスタートはちょっとした好奇心。ここから見て取れるのは、やはり新しいモノを作り出した創業者や開発者は好奇心が旺盛だということ。

そしてもうひとつ、こうした事例からわかるのは、これらは全て不便を解消して便利にするという発想からスタートしているということでしょう。そして、それら不便に気づき、もっと便利にできるのではないかと考えることこそが、好奇心なのです。

好奇心をどう開発するか

「どうやって好奇心って持てばいいのですか？」「この忙しいのに、仕事に直接関係ないものに好奇心を持つって難しいでしょう」と言われることがあります。そもそも、「どうやって好奇心を持つか」という方法論から入るのは違うでしょう。そうではなく、まず好奇心を強制的に持つように仕向けてみましょう。

例えば、新聞、テレビ、インターネットなどで、何か気になるニュースを見かけたり、あるいは、街中を歩いていて何か変わったものを見かけたときに、面白いと思ったりしたこと、変なのと思ったこと、少しでも気になったこと、あれ?と思ったこと、何でもよいので、まず「なんでだろう?」と少し考えてみる、そして少し調べてみる癖をつけます。今はインターネットがありますので、スマホさえ持っていれば、いつでもどこでも調べられます。その癖をつけましょう。普段の生活をちょっと考えてみてください。あなたの友達や若手社員で、会話の最中にチャチャっとスマホで調べて「〇〇って××みたいですよ」って人いますよね。あれです。これが習慣化すると、間違いなく知識量は増えます。そして、もっと調べてみたくなります。これが好奇心です。もし、そのきっかけさえもわからないという人は、意図的に気になることを取りにいきます。強制的に自身の日常行動をつくります。調べだすと、また疑問が湧いたり、気になることが出てきます。それをさらに調べてみます。しばらくこれを続けます。普段からこれを繰り返すことで、自然と調べることが苦にならず習慣になります。結果として色々な知識が身につき、自身の視野も広がります。気が付くと好奇心のある人になっています。
Z世代の人たちは「これ、何書いてるんだ？」と思っていますよね。だって、Z世代には、これは当たり前でしょう。でも上の世代には、当たり前ではないのです。これが、DXによるジェネレーションギャップです。

例えば、2020年からのコロナ禍での生活を思い出してみましょう。政府や都道府県が緊急事態宣言を出すか出さないか、解除するかどうかを議論しているというニュースを見た時には、緊急事態宣言とは何なのか、どこまでの強制力があるのか、その背景になる法律や考え方は何か、海外の各国、都市と何が違うのか、「ロックダウン」と呼ばれるものと何が違うのか、考えること、調べることはいくらでもありました。さらには、緊急事態宣言が出ている状態と出ていない状態で、その違いにより自身の生活に何がどう影響があるのか。それが、若い人と高齢者で何か違うのか。ひとり暮らし世帯と同居世帯ではどういう違いがあるのか。高齢者や持病を持つ人がいる家庭ではどうか。子どもの年齢により家庭の影響にどのような違いがあるのか。お隣のご家族と違いはあるのか。都会と地方で何が違うのか。業種や会社の規模によってどのような違いがあるのか、自社の就業規則との矛盾はないのか、等々、考えだすと疑問は絶えません。

これらを考えます。ネットで調べてみます。新聞やテレビから情報を得ます。そうすると、かなり知識が増え、仕事仲間や家族とも色々と話が広がるでしょう。知識が豊富で、他の人から喜ばれるかもしれません。もちろん、今の世の中、ネットや新聞で得た情報が正しいとは限りません。でも、それで良いのです。その知識をベースに他の人と意見交換をすれば良いのです。少し知識を持った上で色々な人と話すことで、さらに違った視点や考え方、違った情報を得られるかもしれません。他の国に住んでいる人と情報交換をしたり議論をしたりすると、さらに色々な知識が増えるでしょう。そして、それが楽しくなるとしめたものです。

それも難しい、億劫だと思われる方は、何かひとつの話題を家族や友人と話すだけでも良いのではないでしょうか。意外と考えもしなかった視点からの話が聴けて、そこから新しい興味が湧くかもしれません。

「好奇心」は楽しみの入り口であり、成長の入り口です。

■リフレクション■

生成AI（ChatGPT）が一般公開されたのは、2022年11月でした。

☑ あなたは、生成AIにいつ興味を持ちましたか？
☑ あなたは、いつ生成AIとは何かを調べてみましたか？
☑ あなたは、いつ生成AIを最初に使ってみましたか？
☑ あなたは、いつ生成AIを頻繁に使うようになりましたか？
☑ あなたは、生成AIの何がすごいのか。何がこれまでと違うのかを説明できますか？

生成AIに人生相談してみてください。また新しい世界が開けますよ。

コラム❶ リーダーが場をつくる

皆さんには、行きつけのバーやスナック、喫茶店、美容室などはありますか？ そのお店があなたの行きつけになった理由は何でしょう？ 最初は噂を聞いたり、ふらっと入ったのだと思いますが、なぜそこに定着したのでしょう？

もちろん、メニューや技術、価格というのもあるでしょう。でも、多くの場合、そこにいるマスター、ママ、店員さんが理由ではないでしょうか。何となく落ち着く、笑顔が素敵、話しやすい、話を聴いてくれて気づきまで得られる。そして、そこの場の雰囲気がいい、落ち着く。何となく、そこに自分の居場所が感じられる。素の自分でいられる。さらにいうと、そこにいると良いアイデアが浮かぶ。理由はそんなところにあるケースが多いでしょう。私の場合、考えごとをするときや書き物をするときによく利用する、何となく落ち着く喫茶店や、スタッフやトレーナーとの距離の近い小さなトレーニングジムなど、自分の場所といえる場が存在します。皆さんはいかがでしょうか。

では、自分の職場はそうなっていますか。本来は仕事場こそ、落ち着いて集中して考えごとができ、同時に、自然と会話が生まれ、仲間と議論する中から新たな情報が得られ、新たな気づきや発見が得られる。そういう場だからこそイノベーションが生まれる。自分の居場所だと落ち着く。自分のキャリアを磨く場だからこそ、いやそれ以前に、人生の多くの時間を過ごす場だからこそ、職場こそがそういう場であるべきだとは思いませんか。

実はリーダーとは、指示命令をする人ではなく、そんな場をつくる人であるべきなのです。喫茶店やファストフード店では、店長次第で売上が20％以上動くといわれるところも多々あります。リーダーが場をつくるのです。

ある調査によると、メンバーのモチベーションが高く、仕事の成果の出ている組織では、上長が部下に最もよくかける言葉が「ありがとう」で、部下から最もよくかけられる言葉が「ちょっといいですか」だそうです。常識が通用しない、先が見えない、誰もが正解を持っていない、そんなＶＵＣＡの時代。誰もが、いつでも「ちょっといいですか」と言える職場。まずはそこから目指してみませんか。

CHAPTER **4**

コンピテンシー②
多様性の受容

Diversity, Equity & Inclusion

DE&Iって何？ なぜ必要？ 本当に必要？

ダイバーシティ、エクイティ&インクルージョン（DE&I）のビジネスにおける定義は、「性別、年齢、障がい、人種や国籍などの外面や属性にとどまらず、宗教観や価値観、ライフスタイル、嗜好などの内面の違いを含めた、個々の「違い」を尊重し受け入れ、認め合い、公平公正に受け入れ、互いの良い所を活かしていくこと」です。

このDE&Iという言葉をよく耳にするようになりすでに10年以上がたちます。

この間、何が変わったでしょうか？ 何が進んだのでしょうか？

女性の就業率や管理職比率など女性雇用に関する指標を見ると、日本でも数字は良くなり前進はしています。しかし、世界各国との相対評価を示す指標では、毎年そのランキングは後退しています。外国人の雇用も珍しくはなくなってきてはいるものの、日本人と同等に活躍できている状態に近づいているかというと、実感としてまだまだほど遠い状態でしょう。

このような女性や外国人の活躍に関しては、ダイバーシティーという言葉が使われるようになるのと並行して、わかりやすい例として議論されてきました。それらはたしかにDE&Iの一端でしょう。しかし、本質はそこではありません。個々の違いを理解し認めあい、公平に扱い、違うことが当たり前になるのが、DE&Iです。単一文化に近い状態で成長してきた日本では、まだ属性という枠がないと理解と行動につながらないことが多いのですが、DE&Iの本質は、属性への対応ではなく、個の多様性を当たり前に受け入れ誰もが同じように活躍できるようになることです。

ビジネスにおけるDE&Iの事例

ビジネスでは「多様性」を競争優位の源泉として活かすことがよく語られますが、なかなか目に見える形にならないので、理解されにくいところがあります。

かつて、冷凍食品は、おしなべて1パッケージで、少しだけ使いたい場合でも全開封し、残ったものは別途ラップ等で保存しなければならず、不便でした。今では1人前分、1食分と小分けにパック包装されることが当たり前になっています。背景には一家の食卓のおかずとして開発されたものの、時代変化と共に子どものお弁当や単身赴任者が1人で食べるニーズが増えている市場に対応できていなかったことがありました。

この個別パッケージを開発したのが日本の食品メーカーでした。そのアイデアはひとりのお母さん社員の発想から生まれました。それまで男性ばかりだった商品開発部署に、お子さんを持つ女性が配属され、「子どものお弁当のために、1人分だけパックを電子レンジでチンできた方が便利」という素朴なアイデアが出てきたことが開発の発端でした。多様性の欠けた単一思考の社員だけだと、それほど単純なことにも気づかなかったのです。

何十年も前から日本では当たり前だったアイスコーヒーは、元々コーヒーは温かい飲み物という常識を持つ他の国では存在しませんでした。事実、私が若い時に欧州でアイスコーヒーはないのかと聞いたときに、現地の人たちには、そもそも私が何の話をしているのかさえ通じませんでした。日本でアイスの缶コーヒーが登場し誰もが楽しめるようになった後で、日本でアイス缶コーヒーを目にして、これはいけると思ったアメリカ人が持ち帰り、そこからアイスコーヒー文化は世界に広まったといわれています。同一常識観の中では、ちょっと違った視点からの気づきがなかなか起こらないものなのです。

同質の人たちだけのモノカルチャーの中で、自分たちの常識の中だけで生きていると、どうしても視野が狭くなってしまい、幅の狭いルールや常識から抜けられなくなってしまうものです。そこに少し違う環境や経験を持った人が入ってくると、一気に活性化されるようなことがよく起こるものです。

社員のほとんどが終身雇用であった日本企業でも、転職入社してきた社員によって変化が起こることが、身近でも起こり始めています。ある日系自動車メーカーで何か新しいシステムを使って業務の効率化を図る方法はないかという議論をしていた時に、ひとりの外資系ＩＴ企業から転職してきた担当者が「あ、私の前職の会社で似たことをやっていた部署があります。その知り合いに連絡して聞いてみましょうか」と発言しました。すると新卒からその会社で20年以上働いている課長が「でも、それって、また本部長か下手すりゃ役員まで上げて了解を取って、会社として依頼書出すとか面倒だろう」と発言しました。それを聞いていた担当者は「いやいや、私から直接頼めばいいですよ」といって、その場で前職の知り合いに電話をして、経験談を聞くミーティングの約束を取り付けました。それを見ていた他のメンバーは、口を揃えて「そんなことができるんだ！ やってもいいんだ！」と驚きの表情でした。自分たちの常識、自分たちの思い込みというのは、そんなものなのです。

世代間のダイバーシティ

もうひとつ、違う視点からの話をしましょう。少し前によく聞いた会社に勤め出した新入社員の若者達の疑問です。

メールは宛先がアドレスで明記されているのに、なぜ「××様」とか書くのでしょうか？ メールの最初に書く「いつもお世話になっております」って何ですか？ あれって、特に意味ないし、無駄じゃありませんか？　ある若者は「先輩たち、いつも無駄を省けって言っていますよね。1日に何十通も書くメールのあれって、無駄じゃないんですか？」とまで言っていました。

社会人経験の長いベテラン社員は「何言っているんだ。理由なんかない。メール書く時の礼儀だろう。そんなのは当たり前だろう」というでしょう。ところが、そういう発想が若者にはわからないのです。

昭和世代の人にとっては、手紙がFAXになり、メールになりました。相手に自分の考えや想いを綴って伝えるツールの中で、より早く、便利になったのがメールです。メールを使いだした当初は、「いつもお世話になっております」どころか、「拝啓、貴社益々御清祥のこととお慶び申し上げます」と書いていたものでした。

ところが、今の若者たちは、入社するまでの人生の中で手紙やFAXを使う機会はほぼありません。コミュニケーション手段としては、多くは電話かLINEなどのチャットを使ってきた世代です。

この違い、おわかりでしょうか。先に書いたように、手紙やFAXが考えや想いを綴って伝えるツールだったのに対して、電話やチャットは対話のためのツールです。会話のキャッチボールのツールです。最近の若者たちは、対話のコミュニケーションしか経験してきていないのです。その彼らからすると「何で話している相手が誰かわかっているのに宛名が必要なの？」「いつもお世話になっておりますってどういうこと？」と単純に疑問を持つのです。

逆に、対話ツールであるチャットに何行もダラダラと文章を書くベテラン社員をみて、若者たちは、「何だ？ 面倒くさい。チャットの使い方おかしいよ」と思っています。

皆さんの会社の研修では、今でも「研修中は研修に集中してもらうためにPCやスマホはしまってください」と言われたりするでしょうか。それって、正しいのでしょうか？ たしかに研修中にスマホで別のことをしていたり、ゲームをしてはいけないというのはわかります（本来、それも本人の問題だと思いますが）。しかし、スマホはわからないことがあった時、興味がありもっと深く知りたいと思った時に、その時その場で調べるためのツールではないのでしょうか？

例えば、私が大学で授業をしている時、私が思い出せずに「え〜〜と、××理論を発明したの誰だっけ？ 確かスタンフォード大学の先生だったんだけど……名前を度忘れした」というと、学生がスマホでさっと調べて「先生、〇〇博士じゃないですか？ あと、ここに書いてあることによると、○○博士は×××理論も考えた人みたいですよ」と答えてくれます。で、私は「ありがとう。そうそう、×××理論も○○博士の研究なんだよね」と返します。「じゃあ、×××理論についてもちょっと勉強してみようか」と私が少し説明し、「みんなは今までの経験を振り返って、あっ、あれって×××理論だ、と思うような経験はあるかな？」と授業を脱線しながら進めます。

これで良いのではないでしょうか？ このような授業を大学で受けてきた学生からすると、会社の研修で「スマホをしまって」と言われると、「なぜ？」と思うでしょう。

同じようなことをもうひとつ。我々昭和世代は「スマホによって、ますます記憶力が無くなった」と嘆きます。Z世代は「スマホによって覚える必要がなくなった」と肯定的に捉えます。

生まれ育ってきた時代が違い、生活環境が違うと、考え方、感じ方や常識が違っています。そもそも個人の常識は違う可能性があるのだという意識のもと、その違いに気づき、そこからお互いに何かを学び、理解と信頼関係が深まり、そこから何かが生まれるかもしれない、これがDE&Iです。世代間ギャップのDE&Iへの理解と対策はとても重要です。

日常生活の DE&I

日常生活でも、あちこちにDE&Iネタは存在します。

アメリカでペットボトルや缶の緑茶を飲んだことはあるでしょうか？ とても甘いのです。正直、日本の緑茶に慣れている多くの日本人からは驚きでしょう。若かった頃、これを飲んで、私はあるアメリカ人の友人に言いました。「これはおかしいよ。緑茶というのは、砂糖は入れないものだ」と。すると、そのアメリカ人の友人は「なぜ？ 日本人は紅茶にも砂糖を入れないのか？ 紅茶も緑茶も同じお茶だろう？ 何が違うんだ？」と真面目な顔で聞いてきました。

私は返答できませんでした。それどころか、「なるほど！」と思ってしまいました。今では、抹茶ラテやほうじ茶ラテなるものが登場してきて、これらを見ると、この30年前の話を思い出して、ひとり苦笑いをしてしまいます。

もう1つ食べ物の話をしましょう。これもかなり前の話になりますが、日本通のドイツ人に言われたことがあります。「日本ではポテトサンドってポピュラーだし、みんな、よく食べるだろう？ あれって、我々からすると考えられない食べ物だぞ」と。

私はまったくその意味がわからず「何で？」と聞き返しました。すると彼は「我々にとってパンにポテトを挟むって、日本の食文化で言うと、パンに米を挟んで食べているみたいなものだ。そんなのうまいか？」と笑っていました。ジャガイモが主食であるドイツ人にとっては、たしかにそうでしょう。

関西以外の人は、大阪のお好み焼き定食（お好み焼きや焼きそばがおかずで、コメの御飯と食べる）を見て、「おかしい！」と言いますよね。あれも同じです。

これらはほんの一例ですが、DE&Iとはこういうことです。まずは「世の中には違いがたくさんあるんだ。常識って違うんだ」ということに気づき、違うことを前提とすることです。ちょっと聞いてみると、なるほどと思えることがたくさんあって、「ひょっとすると、自分の思っていた常識の方が特異なのかもしれない」と思うことが山ほどあります。

そこを入口に、色々なモノに興味を持ち、多様性を受け入れ、楽しめるようになる。それが大切です。結果、間違いなく視野は広がります。

東京で生まれ育った人が大阪に行くと、エスカレーターに乗る時に戸惑います。東京ではエスカレーターを利用する時、左側に立ちます（日本全国関西の一部を除いてはそのようです）。しかし、大阪では逆に右に立ちます。

このとき、「何で違うんだよ。面倒くさいなあ」と思ったら、そこでおしまいです。

海外に行かれることが多い方は「海外って普通、右側だよな。大阪の方がグローバルスタンダードじゃないか」とおわかりでしょう。調べてみると、大阪で駅構内等のエスカレーターが普及しだした時期と時を同じくして1970年に万国博覧会が開催され、外国人がたくさん来阪したため、海外で一般的な右立ち左歩きに合わせたということのようです。

別に何のことはない話ですが、多くの人が、こういう違いに、気づき、興味を持ち、調べ、理解することで、多様性を理解し受け入れるカルチャーが醸成されます。

この積み重ねにより、異なる歴史文化の背景を持ち、異なる宗教心を持ち、異なる価値観、異なる常識感を持つ多様な人達の相互理解が深まり、互いが互いの多様性を理解し、受け入れ、一緒に議論し、一緒に考え、一緒に何かを成し遂げる風土ができあがります。この風土づくりが、今リーダーに求められている役割です。

エクイティ／Equityとは何か

元々、「ダイバーシティ&インクルージョン」だったのが、いつからか、そこにEquity（エクイティ）が加わり、「ダイバーシティ、エクイティ&インクルージョン」になりました。ここのEquityの意味はおわかりでしょうか。

「エクイティ（Equity）」とは、一人ひとりが公平な条件下でパフォーマンスを出せるよう、公平な土台をつくり上げることをいいます。日本語では「公平性」「公正性」などと訳されます。これは、すべての人に同じ機会を与えるというイクオリティ（平等）とは異なります。

社会構造に不均衡がある中では、すべての人を同じように扱っても、不均衡はそのまま持続します。社会構造格差が存在する場では、一人ひとりを平等に扱うのではなく、社会構造格差を是正することを意識して対応するのが、エクイティを意識したDE＆Iの概念です。

例えば、女性にだけ与えられる生理休暇は、男性にとって不平等という見方もあるかもしれませんが、そもそも女性と男性では身体の特徴が異なり、女性の生理による体調不調はスタート地点としてマイナス状態であるという考え方から、働くための公平な条件とするために、女性には生理休暇が与えられるという考え方になります。

また、女性活躍推進のために女性だけに特別な研修が準備されている企業も少なくありません。これも男性視点では不公平に映る可能性があります。しかし、ここまで男性社会で成り立ってきた企業組織では、女性に対する能力開発の機会や多様な仕事機会を与えることが限定的でした。そのため、女性が男性社員と同じ土俵に立って仕事ができるように、女性だけに特別な研修機会を用意しているのが、エクイティの考え方です。

多様性を受け入れる姿勢の身につけ方

多様な考えや行動を尊重し受け入れることが重要です。そのためにはまず、人は多様であり、人はそれぞれが異なるということを理解し、それを受け入れるところから始めます。

理解といっても、頭で論理的に考えるということではありません。そのような思考になると、往々にして属性での区別に陥りがちです。そうではなく、自然に受け入れ、感じるということが大切でしょう。

これは感性の問題です。その感性を身につけるには、やはり好奇心を持って観察することが入口になります。前章で議論した「好奇心」が不可欠です。常に好奇心を持って他人を観察することです。

そうすると「彼はなぜあのようなことを言ったのだろう」「なぜそのような行動をとったのだろう」「彼女はなぜそんなにそれを気にするのだろう」「なぜ、何を悩んでいるのだろう」ということを考えるようになります。そして、それを聴くのです。すると、その裏側にある、文化や生い立ち、生活環境に想いを馳せることで、自分とは価値観や常識が違うのだ、違って当たり前なのだということに気づきます。そうした思考により、相手を理解するだけではなく、自分自身の理解力が広がります。

結果、理解が深まり違いを受け入れることができると信頼関係も生まれ、他人との関係性が変わってきます。

「上司は部下に興味を持たなければいけない」ということを聞いたことはないでしょうか。まさに、このことです。

この過程で、否定的感情はＮＧです。否定肯定以前に、まずは興味を持って理解に努めます。結果、自分とは違う考え方があることに気づき、新たな発見もあり、自分自身の視野も広がります。また、他人を客観的に理解することで、自分自身を客観的に観察することにもつながり、自分自身についても新たな発見につながるかもしれません。

ただ、このような考え方や行動もDE&Iの入り口でしかありません。異なる背景をわざわざ理解しなくても、人は違うのだと自然に受け入れられるようになればよいのです。

組織で多様性を考えて議論する

ただ単に「好奇心を持って多様性を観察しろ」と言われても難しいという方もいらっしゃるかもしれません。ビジネスライクに、リーダーとして多様性の受容が不可欠だというのであれば、それがなぜ必要なのか、という理由や目的が必要でしょう。

皆さんも、これまでダイバーシティが必要だ、インクルージョンが必要だと言われて、なぜと疑問に思われたことはないでしょうか。私は、色々な会社とお付き合いしていて疑問を持つことがあります。

私はDE&Iに関するワークショップを担当することも多いのですが、現場の実態を見聞きするたびに、「理屈をこねるのは簡単だが、実際に何がビジネスに活きるのかまでをしっかり議論して変革を考え、行動につなげることは簡単ではない」と認識しています。

典型的な歴史ある日本の大企業では、ダイバーシティというと、女性、外国人、障害者、というような属性の多様化の話から入ります。そして、その意義や必要性の議論はほぼされることなく、「属性の多様化を取り入れた後、どうすればよいか」という方法論の議論になりがちです。

例えば、研修や会議の席で、例えば、単に属性の受け入れの話ではなく、「価値観の多様化の話をしなくてはいけないのではないか」「本当にDE&Iって必要なのか」「ビジネスや事業所によってDE&Iの意味や意義が異なるのではないか」「女性活躍と言いすぎているのではないか」「ビジネスの足を引っ張っていないか」という議論が出てくるのであれば、まだいいほうです。多くの場合、グループワークがまとまると、結局、産休育休の話や時短など女性活躍の施策や、外国人をもっと採用すべきで、そのためにどうすれば良いかというHowの発表会だけに始終してしまいがちです。

そういうときに、私はいつも「なぜ、女性活躍が必要なのか?」「そもそも、女性活躍っていう言葉の意味はすり合っているのか? その言葉を議論すること自体正しいのか?」「なぜ、外国人が必要なのか?」「本当にそれがビジネスに必要、有用なのか?」「目的はCSRなのか?収益なのか?」「属性の多様化以上に、日本人男性の多様化が重要なのではないのか?」あるいは「日本人の男性も価値観の多様化が進んでいるのではないか? それは多様性の話ではないのか?」等々、色々な突っ込みを入れることになります。

そこでもう一度、グループで目的や本質から議論してもらうのです。そこで初めて、「真の多様化が大事」で、その理由が「ビジネス環境や顧客の多様化が進んでいて、会社自体が多様化していないともう対応できる時代じゃない」という本質の議論が出てくることが多いのです。

ファシリテーターである私は、そこで、「でも、多様な価値観を受け入れるってどういうこと? 本当にできますか?」「マネジメントがとても大変になりますが大丈夫?」ともう一度、ちゃぶ台をひっくり返します。またここで話が詰まってしまうこともよくあります。しかし、このような議論を繰り返すことで、企業理念、企業バリュー、ビジネス戦略、それを達成する組織文化風土、何より皆さんが大切にしたい価値観などと、多様化の議論は切り離してはダメで、常に矛盾と戦いながら、理想を考え、議論し、追い求めることが必要だと気づきだします。このような議論になればしめたものです。ここまでくると、自分たちでポジティブな将来像を考えられるようになっています。

一方で、本質の議論ばかりしていても、無駄に時間ばかり経ってしまう。それよりも、枠組みや方法論から入り、まずやってみる、変わってみることが必要という意見もあります。それも正しいでしょう。ただ、どこかのタイミングでリーダーは本質を肌感覚で理解することが求められます。

組織での議論から自分たちで方向性を導き出すことは簡単ではありません。しかし、その壁を乗り越え、手間暇をかけて議論を重ね、想いを醸成させることによって、揺るぎないカルチャーが備わるのです。

多様性のある企業で働くということ

私はかつて、ＣＲＧ（Corporate Resources Group）という、人事ソリューションを取り扱うコンサルティング会社に勤めていました。ＣＲＧは世界中に支社をもつグローバル企業でしたが、私が在籍していた頃、オフィスは世界で30程度あったのですが、社員は世界で３００人程度の会社でした。スイスのジュネーブに本社を置き、社長はスウェーデン人、副社長はフランス人でした。何カ国の人が働いていたか、人種的にはどのような人達がいたのか、今から考えるとその答えはわかりません。本当に多様な場にいると、そんなことを考えたことがありませんでした。

そういう企業で働いていると、一緒に働いている人が全く違うカルチャー、常識観をもって違う人生を歩んでいることが当たり前でした。役員らの国籍も違えばカルチャーも違います。これまでどこで働いてきたかというようなことは話題になることはあっても、「君は何人（どこの国籍）？」というような会話はされませんでした。

もちろん、移民がいて、ＬＧＢＴＱの人がいて、ということも当たり前です。そういう世界では、「ＬＧＢＴＱの人をどう受け入れるか」研修する、などという感覚すらありませんでした。

そういう世界をいきなりつくるのは難しいでしょう。しかし、そういう人たちと、一緒に仕事をしたり、そういう人たちが考えた商品が競合になる、というのが、グローバルでビジネスをするということなのです。市場がグローバル化するに伴い、そこに少しでもついていけるようになる必要に迫られています。例えば、花王やライオンという会社は、P＆Gやユニリーバといったグローバル企業と闘っています。石鹸や洗剤という商品で考えた場合、日本国内ではその洗浄力と価格が競争の源泉となります。しかし、世界市場に目を向けると、人の肌の特徴も異なる、気候も異なる、水の質も異なる。さらには、顔や体、洋服を洗うという概念や頻度も異なり、宗教的な意味の違いもあるかもしれない。単に品質、製造力や営業力の違いだけではなく、思考の土壌が大きく違う、そういう側面がビジネスに影響してくるのです。多様な知識を持つだけではなく、多様な感性を持ち合わせたダイバーシティ、エクイティ＆インクルージョンが重要となります。社員の多様性とはそういう意味を持つのです。

■リフレクション■

- ☑ あなたには、学生時代に同じ学校だった友人でも、会社の同僚でもない、友達が何人いますか？
- ☑ 外国人の友達が何人いますか？
- ☑ まったく世代の異なる友人がいますか？
- ☑ まったく経済環境の異なる友人がいますか？
- ☑ 普段、他人が貴方と違う意見を持っていた時「それはなぜだろう？」と考えていますか？
- ☑ あなたは、DE&Iを自分の体験から説明できますか？

コラム❷ 異論を受け入れられない日本人

ある外国人にこう言われました

「私が相手と異なる違う意見を言うと、日本人はよく攻撃的に反論してくる。あれは何だ？」

ダイバーシティーの考え方でみれば、誰かの意見に「自分はそうは思わない」「こう思う」という意見が出た時は、「そういう風に思う人もいるんだね。私は違うけれど」だとか、「なぜそういう風に思うんだろう、なるほど、そういう背景があるから違う考え方が出てくるんだね？」というように、相手を受容して理解するコミュニケーションが普通ですが、多くの日本人は違うようです。

自分と反対の意見がでた途端、自分を否定されたと思い、攻撃的になったり防御的になってしまうところが日本人にはあります。

話していることは仕事の内容のことであって、決してその人自身のことではないのに、あたかも人間性を否定されたかのごとく、顔を真っ赤にして反撃に出る、ということが結構あるものです。

日本人である私も驚くことがあります。ですから研修等でも発言には気をつけています。特に役員には気を使います。

「別にあなたを否定しているわけではないんですよ。なるほど。そういう考え方があるんですね。でも、こういう見方をすると、こういう考え方もあるんじゃないですか?」というふうに、柔らかい話の進め方にすることを意識します。

日本人同士の現場でも、そういうことはあるでしょう。下から反対をされた時、上司が「あいつは俺にたてついた」、また部下が上司から反対された時は、「ああ評価を下げてしまった」と思うということがあります。ただ単に意見交換がしたいだけでも、そういう議論が難しいということが、日本組織のカルチャーとして根付いてしまっているのかもしれません。

しかし、本来、これでは議論になりませんし、異なる意見のぶつかり合いから生まれるイノベーション機会を損失することにもなりかねません。リーダーは、自分とは異なる意見を聴ける、多様性を受容し落ち着いて相手の話を聴ける人でありたいものです。

CHAPTER 5

コンピテンシー③

謙虚さ

Humble

謙虚さがなぜ必要なのか

「謙虚」を辞書で調べると、「ひかえめで素直なこと」（広辞苑）、「自分の能力・地位などにおごることなく、素直な態度で人に接するさま」（大辞林）、「控えめで慎ましいという意味で用いられる表現で、日本においては美徳の1つとして考えられている。高い地位であっても奢らず控えめな態度であること、能力があってもひけらかさないことなどを指す」（weblio辞書）などと、説明されています。

ビジネスにおいて、これらの性向で大切なのは「素直」「おごることなく」「受け入れる態度を失わない」という要素です。さて、あなたの態度や行動はこれらが当てはまるでしょうか。

松下電器（現パナソニック）の創業者、松下幸之助氏について書かれた書籍は世の中に多く出版されていますが、幸之助氏を身近に見てきた方々が書かれている書籍を読んでいると、幸之助像を表す言葉として「素直」という言葉が頻繁に出てきます。松下幸之助氏は「素直な心」という言葉を愛用されていたようです。

そして、彼が創設したＰＨＰ研究所からは「素直な心になるために」という本も出版されています。

松下幸之助氏は「素直な心」を次のように定義しています。

「素直な心とは、寛容にして私心なき心、広く人の教えを受ける心、分を楽しむ心であります。また、静にして動、動にして静の働きのある心、真理に通ずる心であります」

松下幸之助氏を書いた各書で書かれている「素直」というのは、まさにここでいう「謙虚」と同義ですし、松下幸之助氏の没後、世界中のリーダーシップ論で盛んに言われるようになってきた、オーセンティックリーダーシップ（Authentic Leadership）の考え方と重なるところも大きいといえます。

もう少し、松下幸之助氏の具体的な言動から確認してみます。

幸之助氏が社長時代、新入社員が話しかけてくると、その新入社員の話を、立ち止まって最後まで真剣に聴いていたといいます。「社長、忙しいのに、なぜそこまで真剣に新入社員の話を聴くのですか」と問われると、幸之助は「私は60年生きてきて、彼は20年しか生きていないかもしれないけれど、私は彼の20年を生きていない。だから、私も彼から学ぶものがあると思っている」と答えられたといいます。

「良い人になりましょう」とか、「優しい人になりましょう」ということではありません。VUCAの時代にビジネスを成功させるために、リーダーに求められるコンピテンシーとして、「謙虚」が不可欠だということが言いたいのです。

この情報過多の時代だからこそ、好奇心を持ち、謙虚な姿勢でいないと、まず情報が入ってきません。

最近の若者の方が面白いことを知っているかもしれません。彼らから多くを学ぼうとするなら、聴きたい、教えて欲しい、という謙虚な姿勢が必要です。特に会社のような社会組織の中では、上下関係があります。普通にしているだけでは、部下は上司に話をしてくれません。上司は責任と権限を有しており、上司と部下というのは、評価者と被評価者です。だからこそ、上位(指揮命令権を有している)であり評価者である上司や先輩は「私は君から学びたいんだよ。教えて欲しいんだよ」という謙虚な姿勢が必要です。

家庭でも同じでしょう。「偉そうな親」ではなく、常に娘や息子から学びたいという謙虚な姿勢でいれば、「ねえねえ」と、今、世の中で流行っていることも子どもから教えてもらえるでしょう。

謙虚な上司

私の経験をシェアしましょう。ＰｗＣ時代に、世界で７０００名の部下のいるイギリス人パートナーと仕事でつながることがありました。会社の同僚とはいえ、業界の大物とも言える人です。私からは簡単に話しかけるのを憚られるような立場の人でした。

そんな彼が、あるとき、私に質問しました。

「シンヤ、日本の人事制度は、なぜ未だに年功序列なのですか？」

その時、彼の口調は非常におだやかで、とても謙虚で、教えを請うという姿勢だったことを記憶しています。世界中に多くの部下を持つ偉い人だというような、上から目線の姿勢は一切ありませんでした。彼の質問に対して私も一所懸命回答し、十分に答えることができなかった箇所については、後で調べて伝えました。

この出来事以降、お互いの距離がグッと縮まりました。その後、私は話しかけやすくなりましたし、彼もそうだったと思います。彼が謙虚な姿勢で話しかけてくれたことで、私からの垣根はグッと低くなり、相談しやすくなりましたし、互いに学び合う機会も増えました。

実際、お互いにＰｗＣを辞めた後も、付き合いが続いており、情報交換をする仲になっています。

「もうやったことがある」

ある精密機械メーカーから、グローバル化を推進するにあたって経営陣で議論したいから、講演とファシリテートしてほしいという依頼がありました。

会議に呼ばれ私も議論に参加しました。当時、社長をだった方はとても優秀で、まさに謙虚で話しやすい方でした。その会議には、ややワンマンで有名だった前社長で当時会長だった方も出席されていました。

会議が進み、やはり外国人の経営参加も必要なのではないかという具体的な議論になりはじめ、私が現地法人の経営を現地の人に託すことができる子会社もあるのではないかというような話をしたところで、いきなりその会長が発言をされました。

「山本さん、理想はわかるんだけど、そういうことは、僕らももうすでにやったことがあるんだよ」「一度、アメリカ人の社長を招聘したんだけど、すぐに辞めてしまって。やっぱり外国人はダメなんだよ」それからは二度と外国人の社長は任命していないとのことです。

「やったことがある」ではなく、必要ならば「やり切る」ことが重要なのです。過去の事実を謙虚に見つめていれば、同じ発議でも「なぜ失敗したのか」「やり切るにはどうしたらいいか」という建設的な議論になり得たと思いますが、会長の発言はそういう文脈ではありませんでした。会長の発言の後、参加していた役員は、誰も発言をしなくなってしまった、そういう苦い思い出があります。

コンサルティングの仕事の中では、クライアントの社内では知見や経験のないことを外から持ち込みアドバイスする、ある意味教える立場に立つことがあります。クライアントはコンサルタントが外から持ち込む知見に対して報酬を払います。しかし、コンサルタントは逆にその会社のことに関する知識は限定的であり、外から持ち込む知見がフィットするかどうかを判断するためには、社内の人から教えを乞うことが不可欠です。そこで不可欠なのが謙虚さです。誤解を恐れずに言うと、教えることでお金をもらう立場の人間が教えを乞わなくてはならないのです。謙虚さのない傲慢なコンサルタントは嫌われるだけではなく、結果を間違えることになるのです。同時に、クライアントのマネジメントは、年齢的には若くても異なる経験値を持つコンサルタントに対し謙虚に聴く。その関係が成立して初めて、良いソリューションにつながります。

組織における上司もコンサルタントも、謙虚さが必要です。知識をひけらかし、上から目線で、常に自分の考えを語るだけの人より、厳しさはあっても、常に謙虚な他人から学ぶ姿勢を持った人のほうが成長し、視野が広がり、何より他人との関係性の中からお互いに学びあえる場をつくることができ、良い影響を与えるようになれるのです。

謙虚さを身につける

ビジネスの世界では、成果を追求しながらも、周囲との関係を円滑に保つことが求められ、その過程で謙虚さは重要な要素になります。謙虚さを身につけることで、相手の意見に耳を傾け、相手を理解し信頼関係を築くだけではなく、自ら学びを得る機会を増やし、結果的に自己成長と成果の創出にも繋がります。

では、どのように謙虚さは身につけられるのでしょうか。

まず、相手にフィードバックを積極的に求め、それを受け止めることが謙虚さを養う第一歩となります。特に、自分より経験豊富な上司や同僚だけでなく、部下や顧客からの意見も大切にし、そこから学ぶ姿勢を持つことが大切です。

また、自分の強みや課題を正しく理解し、課題や苦手については常に改善を意識することも重要です。例えば、自己評価と他者評価のギャップを認識し、自らがそのギャップを埋める努力をすることで、より謙虚な姿勢を身につけることが可能です。

ビジネスは人間関係で成り立ちます。決して1人では成り立ちません。上司、部下、同僚、顧客など、多くの人々の支えによって成り立っていることを意識し、感謝の言葉を忘れないことが謙虚な姿勢には大切です。そのためには相手の立場や考え方を尊重し、常に自分が正しいと思い込んで行動しないことが重要です。

特に、自分の立場が上になるリーダーの場合、部下との対話や打ち合わせの場では、自分の意見を述べるだけでなく、しっかり相手に問いかけ（傾聴し）、相手の話を最後まで聞くことを意識することが求められます。

リーダーが謙虚であることにより、チームメンバーは安心感を持ち、素直に自分の意見を言える心理的安全な場づくりに繋がります。

■リフレクション■

☑ あなたは、両親の意見、子どもの意見を、最後まで遮らずに聴くことができていますか？

☑ あなたは、あなたの知らないことを知っている新入社員に、躊躇なく「教えて」と言えますか？ そして「ありがとう」と言えていますか？

☑ そもそも、部下や後輩があなたに意見（反論）を言ってくれる状態がつくれていますか？

CHAPTER 6

コンピテンシー④
傾聴
Active Listening

傾聴力で情報が自ずと集まる

好奇心旺盛で、多様性を受容し、謙虚な姿勢でも、自分のアンテナに情報が引っかかるとは限りません。ガツガツ情報を取りにいくことはしなくても、自分のところに情報が入ってくる仕掛けは必要です。

そのためには、相手が話しやすいような、話したくなるような、自分自身の受容性も高めていく仕掛けが必要になります。そのために不可欠なのが傾聴力です。

相手から自然に話しかけてもらうには、聴く力、傾聴力が必要です。

上司のように立場が上の人が、仏頂面で「いいから好きなことを言ってみろ!」と上から言っても、部下は話してくれません。逆に萎縮して、話したくはならないでしょう。

考えてみてください。これまで相談したいと思った人々、例えば上司や先輩信頼できる友達、学校や塾の先生でも、みんな共通点は「聴き上手」なことでしょう。これは、トップセールスパーソン、人気のあるスナックやクラブのママやマスター、ジムのインストラクターなどでも、共通で、頼れる人、頼りたくなる人は、皆さん「聴き上手な人」であるはずです。

傾聴とは、「耳」「目」「心」を傾けて、真摯な姿勢で相手の話を聴くコミュニケーションの技法だといわれます(「聴」の字に部首として耳、目、心が含まれています)。傾聴により、相手を深く理解し、信頼関係を築けるようになるだけでなく、他人に対する傾聴を通して自分自身について気づき、理解できるようになることで、感情のコントロールが身につくなど、精神的成長を促すきっかけにもなります。

傾聴のスキル

傾聴は技法といわれるだけに、意識や姿勢に加えてスキルが求められます。

まず、受容と共感です。相手を受け入れること、そして、相手の思っていることや考えていることについて、その内容に同意するかどうかは別として、主張したいという意思を私は肯定しますよ、という姿勢を見せることが重要です。

そのためには、相手をよく知ること、知ろうと思うことが入口になります。その上で、相手のありのままを受け入れ、相手を知りたいという感情を持って聴くという行動が求められます。

傾聴と共感（empathy）を対で考えることも重要です。

共感（empathy）は、他者と喜怒哀楽の感情をも共有することを指します。例えば同僚や部下がつらい表情をしている時、相手が「つらい思いをしているのだ」ということがわかるだけでなく、なぜつらい感情を持っているのかにも関心を持ち、自分もつらい感情を共有できるのが共感です。

もう少し詳しく説明すると、共感には、相手の感じていることを自分の感覚として共有して感じる感情的側面と、相手の立場から見えているであろう状況を推測して分析する認知的側面の2種類があるといわれています。

人は他人に好意を抱くと、言動が似てきて、また言動が似ている人には好意を抱くという特性を持っています。これをミラーリング効果と呼びます。このミラーリング効果は、感情的共感のひとつの形で、このミラーリングを用いることは、傾聴の技法のひとつでもあります。

他方、認知的共感は脳内のメンタライゼーションネットワークを活性化することです。メンタライゼーションとは、行動の動因を相手の心理的状態の想像から想定することで、内面を想像する能力により行動を知覚し理解することを指します。

一般的には、感情的共感力が高い人が〝いい人〟と認知されることが多い反面、ビジネス上は感情的共感は冷静な判断を狂わせる可能性もあり、認知的共感を使用する方が効果的な場面が多いことに注意が必要です。

その上で、傾聴のステップは、以下のようになります。

①相手の気持ちをくみ取り聴きます

相手の声のトーン、表情、しぐさなどから、相手がどのような精神状態にあるのか（不安、落ち込み、恥ずかしい、あきらめ、高揚、興奮等）まで、心理状態の理解に努めます。

②フィードバック技法を用いて、理解を伝えます

相手の話す事実や感情を繰り返し、理解していることを伝え、安心感を与えます。例えば、「突然のことでビックリしました」と言われたら「ですよね、突然のことだと驚きますよね」とか、「とても不安で……」と言われたら「不安なのですね」と繰り返すなど反復法を用いることも有効です。

③言葉以外で理解を伝えます

相手が一所懸命話している時の、うなずきや相槌、相手の目を見て聴くアイコンタクトなど、表情から理解しようとしている、あるいは理解していることを伝え、安心感を与えます。

④話の続きを訊きだす質問技法で、課題を深掘りします

「それからどうしたのですか？」「なぜその判断をしたのでしょう？」「その時にどう思いましたか？」というような、話を深掘りし、話の続きを訊きだす質問をすることで、話し手の抱えている悩みや問題がどこにあるのかを明確にしていきます。と、同時に相手が話しやすいようにリードします。

⑤批判的、忠告的な言動はしない

「なんでそんなことしたの」「それはダメでしょう」という否定文は御法度です。自分の意見や考えを述べるのではなく、あくまで聴くことで、相手本人に考えさせます。

⑥常に相手が最も重要と考える問題を意識する

傾聴の目的は、問題解決の糸口を話し手自らに見つけてもらうことです。そのためには、会話中、話し手が最も重要と考える問題と内容に注視することが重要です。

「なぜ、それが気になるのですか？」「どこに問題があると思いますか？」「それがなぜ重要だと思うのですか？」というような質問の投げかけから、相手の持つ「自分がその問題についてどう考えているのか」を確認し、その後、「では、自分はどうしたいのか」という思考の方向にゆっくりと導く質問に切り替えていきます。

聴き手は結論を急がず、信頼関係を構築したまま少しずつ問題解決を考える方向に、あくまで質問を中心とした会話で導きます。あくまで問題解決の主体は話し手本人です。

⑦ 相手が自分でできる範囲を明確にする

問題の本質がわかったら、どうしてよいかわからずに困っている相手を、まずは自分のできる範囲がどこなのかを考えられるように導いてあげることが重要です。

「その問題はどうすれば解決できると思いますか？」「まずはどこから手を付けるべきでしょう？」「あなたにできることは何でしょうか？」というように、解決策を考える過程で、自分に何ができるのか、自分はどこから手を付ければよいのかを考えられるように導きます。

傾聴はまさにコーチングの主軸となる方法論なのですが、ビジネスコーチングでは、スポーツでいうコーチングのように教えることは極力控えます。主体はあくまで悩んでいる本人です。傾聴者は、主体者が自分で課題を発見し解決できるように的確な質問を投げかけながら聴くことに徹します。

これにより、本人が解決策にたどり着くだけではなく、本人に自己責任と自己達成感が芽生え、何より本人の成長につながります。
そして、結果として、お互いの信頼関係が強まると共に、相談相手となるのです。

傾聴時の三原則

心理学者で傾聴（積極的傾聴）の提唱者カール・ロジャースは以下の3つを傾聴時の三原則だといっています。

- 自己一致（congruence）：話を聴いてわからないことをそのままにせず聴き直す等、常に真摯な態度で真意を把握する
- 共感的理解（empathic understanding）：相手の立場になって話を聴く
- 無条件の肯定的配慮（unconditional positive regard）：善悪や好き嫌いといった評価をせず、肯定的な関心を持ちながら話を聴く

これらは、頭では理解できるのですが、実際に実践してみようと思うと意外に難しいものです。相手の立場に立って考えてみましょう。どういう時に話したいと思うか。どういう人に相談したいと思うか。どういう人に自己開示できるか。情報が入ってくる人の条件です。

私が人生で影響を受けた上司が誰かと聞かれると、一番に思い出すのが、新卒で入った会社で最初にお世話になった隣の部署の係長です。直接の上司でなく、それほどよく話す方でもなかったのに、私を成長させてくださったリーダーでした。私がモヤモヤしていたり、悩んでいると、何気なく話しかけてくださり、ウンウンと黙って聞いてくださる。そして、時々私の気持ちやどう思ったかなど私が内省できるように質問をしてくださる。常に、私が自分で考え内省できるように、私の立場で聴いてくださり、決して否定はされない。肯定しながらも、別の方法や抜けている視点をアドバイスくださる。注意されたり、叱られたりした覚えはないのだけれど、気が付くと自分の言動を変えるような指導になっている。

当時は、特別意識をしたことはありませんでしたし、傾聴という言葉も知りませんでしたが、後になって振り返ると、やっぱり傾聴により内省を促してくださる方だったから、私も成長できたし、その人を慕っていたのだと気づきました。

人を育てる傾聴

傾聴は、人材育成にとって不可欠かつ最も有効なコミュニケーション技法です。先に書いた内省、すなわち自分で考えることが一番の自己成長につながる方法論であり、その内省を引き出すのが傾聴です。
以下の2つのやりとりを読んでみると、その違いがわかるでしょう。

（指示指導のケース）

店長「さっきのお客さんにスニーカー売るの失敗しただろう！　横で見てたけど、君はお客さんの話をちゃんと聞いていないからダメなんだよ。お客さんが、どんな用途のスニーカーを探していて、どんな色が好きで、どんなスタイルが好みか、ちゃんと聞いてから勧めないとダメだろう！」

店員「はい。わかりました。次から気をつけます」

（傾聴指導のケース）

店長「さっき、スニーカー売ろうとしてうまくいかなかっただろう。何でだと思う？」

店員「私の対応が悪かったからですかね」

店長「まず最初にお客様は何を探しているっておっしゃった？」

店員「新しいスニーカーが欲しいと……」

店長「で、君はなんて答えた？」

店員「最近の売れ筋のスニーカーをご紹介しました」

店長「で、お客さんの反応はどうだった？」
店員「興味を持って見ていていただいていたようなのですが、『ちょっと走るので、走る時にも使えるシューズがイイな』っておっしゃいました」
店長「で、君はなんて答えた？」
店員「それだったら、最新のコレが一番ですよ！　って、先月発売されたランニングシューズをおすすめしました」
店長「で、お客さんの反応は？」
店員「格好イイね！　っておっしゃったのですが……。たしかに、今から考えるとそれほど乗り気ではなく、他のシューズに目を移されていたかもしれません……」
店長「で、君はどうしたの？」
店員「私は、ランナーの方だったら、もう絶対にこの最新のランニングシューズがおすすめだと思って……。今から考えると、勝手に一所懸命にこのシューズを勧めていました」
店長「君は今、ランナーの方って言ったけど、お客さんから『私はランナーです』って言われたのかな？」
店員「あ、いや、ちょっと走るっておっしゃっていました」
店長「じゃあ、週末に少しジョギングをされる程度かもしれないよね？」

店員「たしかに、たまにちょっとジョギングされる方なのか、陸上選手なのかもわからずに、数万円するプロ仕様のランニングシューズを勧めていました。私の勝手な思い込みがあった気がします」

店長「じゃあ、次からはどうすればよいと思う？」

店員「お客様の使用用途や好み、その他にもどのようなご要望や条件をお持ちかをしっかりと訊いてから、お客様と一緒に対話しながら、お客様にあった靴をおすすめするようにします。」

どうでしょう？ 先の「指示指導のケース」も後の「傾聴指導のケース」も行きついた結果は同じといえるでしょう。ただ、指示指導のケースでは、店長が店長の考えを伝える指導方法で、店員は「わかりました」と答えていますが、完全に受身です。一方「傾聴指導のケース」では、店長は質問しかしていません。すべて店員が自ら考えながら答えていて能動的に発言して、自分で考え発言をする中で、何が失敗だったのかを自分で気づいています。すなわち、店員が内省をしています。指示されたのではなく、自分で気づき反省し、将来の行動も自身で考えています。この後者の方が、人の脳神経はしっかりと知識と経験として残し活用し、将来の行動変容につながります。

■リフレクション■

- ☑ あなたは、人と話す時、相手の目を見て会話ができていますか？
- ☑ あなたは、部下に意見を求めていますか？
- ☑ 部下の話を遮らず、最後まで聴くことができていますか？
- ☑ そもそも、子どもの話を否定せず、最後まで聴くことができていますか？
- ☑「君の考えを聴きたい」「あなたはどうしたいの？」「なぜ、そう思うのですか？」と、話す、伝えるだけではなく、聴くことができていますか？

コラム3 聴くことで伝えるリーダー

私の仕事の多くは、契約上はコンサルティング、アドバイザリー、研修などとなっていても、実際の内容はワークショップで、私がファシリテートするような企画が多くあります。ビジネスプロセスや人事制度を設計し運用に結びつけるようなプロジェクトでも、純粋なマネジメント研修でも、目指すところは、個人の意識と行動が変わり、ビジネスの成功と組織の成長につながることが目的です。

そこで重要になるのが、私が指導し教えたり、答えを出すのではなく、参加者が自分で考え、答えや方法論を自ら導きだし、参加者が能動的に行動変容するようになることです。参加者が自ら動くことで、行動変容は定着し、組織変容につながるのです。私が、これを強く意識させられ、私のファシリテーション力の重要性を再認識させられたのは、ある企業の研修で社長が社員にお話しされるのを聞いた時でした。

運輸サービス業から管理職研修の依頼を受けた時に、研修実施の1週間ほど前になって、社長が直接話す時間を欲しいので、朝一のタイミングで1時間を社長の話に空けてほしいと依頼がありました。正直、研修スケジュールはすでに組まれていましたし、何より、社長と直接お会いして話したことがなかったので、どういう話をされるのか、きちんと私の実施予定の研修につながるような話をしていただけるのか、少々不安でした。

しかし、本番が始まってみると、心配どころか、私が学ぶところばかりでした。

まず、その社長は最初から笑顔でした。スタート時間前に笑顔で入ってこられて、「お、久しぶり。元気にやってる？」「この間の件、大変だっただろう。ご苦労さんだったね」と参加者に気軽に話しかけられていました。実際に研修が始まる前に、参加者が話せる場づくりをちゃんとされていました。

そして、研修が始まると、常に楽しい雰囲気で、しかも社長が講話をされるわけではなく、対話形式で進んでいきました。私も当初は「お話上手だな」と思って聴いていたのですが、20分くらい経った時に気づきました。それまで、社長はほとんど自分から考えや意見を話されてはおらず、参加者に質問をして意見を聞きながら〝回して〟おられたのです。傾聴を基本とした、完璧なコーチングスタイルで、参加者の方々の発言を通して、社長自身の話したい内容を引き出しておられました。研修の場で社長がこのように振舞われるのは、なかなかあることではありません。

その後も同じような形式で社長の時間は進みました。「みんなもわかっている通り、世の中、ビジネスを取り巻く環境は大きく変わっていて、その中で、当社も変わらなくちゃいけないんだけれど、みんなは、まず何から変わる必要があると思う?」「そうだよな。私もそう思うんだよな。でも、そのためには××が課題でしょう。この課題はどう解決すればよいと思う?」「なるほどね。じゃあ、△△の問題はどう思う? 君たちならどうする?」「やっぱりそうか」「それは、面白い考えだね」という調子で、ほとんど社長が傾聴されて、参加者がそれに答える形で進み、気づくと、参加者全員で会社の将来を活発に議論する場ができあがっていました。

その後、私の研修はスムーズに入りやすかったものの、私にはかなりプレッシャーがかかるものでした。

一日が終わった後、自分なりに振り返ると「これがひとつの理想のリーダー像だな」と思うと同時に、「この人の下で働いてみたいな」と思っている自分がいました。

CHAPTER 7

コンピテンシー⑤

倫理観

Ethical

今、倫理観を重視する理由

生きることが最優先だった時代、生きるために食糧や資源獲得のための陣取り合戦が盛んだった時代、より稼ぎ富を得ることが目的だった時代、こういう時代を経て、人は進化してきました。

現在でも、貧困や疫病に苦しむ地域はありますし、紛争や戦争の絶えない地域も存在します。しかし、この本を読んでいる皆さんは、必要十分な富と安全を享受できる社会で生活されているでしょう。そのような世界で、我々の関心は、地球環境を守り、共生を重んじ、より正しく生きることに向けられ始めました。

そういう現代においては、過去に比して倫理観の重要度が増しています。ちょうど、私がアメリカのビジネススクール（経営学大学院）に留学していた1990年前後、ビジネススクールで「Business Ethics（ビジネス倫理）」という授業が始まりました。

「倫理」という言葉には、「人が行うべきものごとの道理＝社会生活で人の守るべき道理」といった意味があります。人が社会で活動する際に善悪・正邪の判断においての判断基準となるものともいえるでしょう。

「倫理」は、その歴史・宗教背景などにより異なります。しかし、我々のビジネスフィールドや生活フィールドがグローバル化し、国境線がなくなることで、「倫理」にもスタンダードが求められるようになりました。

そして我々が直面する変化の激しいノーノーマル時代だからこそ、目の前の環境変化ではブレない倫理観が重要視されています。

お金儲けのために自然環境を壊して良いのか？　法に触れてはいないが誰かを不幸にするビジネスは正しいか？　貧困国での児童労働をどう考えるか？　リーダーの倫理観がリトマス試験紙になる時代です。

若者の倫理観についていけるのか

就職面接で「社会貢献がしたい」という言葉をよく聞くようになったり、ＮＰＯ法人の就職人気が高くなっていることなどからもわかるように、Ｚ世代の倫理意識が高まっています。

企業や働き方を選ぶ際に、「給与が高いか」「休みが十分にあるか」「有名か」という基準以上に、「直接的に社会貢献をしている企業か」「正しい会社か」「働くことが自分にとって幸福か」というような軸が重視されるようになっています。

高度成長期をつくった戦後の昭和中期世代は、まず物理的に豊かになる（金銭的に豊かになり物欲を満たす）ということが人生の軸でした。そして我々、昭和後期から平成の世代は、ちょうど価値観が混沌としてきて彷徨いながらも物理的豊かさ軸で敷かれたレールの恩恵を受けてきた時代でした。それらの時代を経て、今のZ世代では、これまでの正解を踏襲すればうまくいくというマニュアルがなくなり、将来が見えない中で、何を軸に生きていくのかを模索しています。その中で、ひとつの解が倫理観への眼差しなのかもしれません。

どんなにすごい技術を持っていても、どんなに給与が高くても、倫理観が欠けている、あるいは倫理観に問題があると思われる会社の人気は低くなるのが最近の傾向です。コンプライアンスを問われる会社は論外です。法令遵守上問題なくても、倫理観が問われる時代です。

逆に災害援助に積極的な会社、発展途上国の医療サポートや飢餓対策に積極的な会社、温暖化対策に積極的な会社などの人気が高くなっています。

企業としての取り組みはもちろんですが、部下から信頼されるため、一緒に働きたい上司と思われるためには、倫理観がとても重要です。

例えば、SDGs。ジャケットにSDGsのバッチを着けている人はよく見かけますが、言行一致しているでしょうか。役員の皆さんが常にバッチは付けているけれども、二酸化炭素の排出や膨大に使っている水やエネルギーには無頓着な企業は多くあります。あなたの会社、そしてあなたはどうでしょうか。SDGsをいくら掲げても、口だけでは意味はありません。地球規模で環境を守り、貧困や差別をなくし、誰にとっても住みやすい社会にするための世界共通目標を掲げながら、目の前の倫理意識が低いようでは、会社も個人も、若者はもちろん、意識の高い人たちからも敬遠されるでしょう。

国連のSDGs担当の方から聴いたことがあります。「SDGsの理念は素晴らしいのだけれど、会社としてそこに投資して、ROIは取れるのかな？」という類の質問を最も受けるのは日本だと。これを読んで「いや、営利を追求する企業としては当然の疑問でしょう」と思った方はいませんか。その考えがすでに時代に沿っていないのです。

これを読んで、「当たり前だろう。何を今さら書いているんだ」と思った読者もいるでしょう。数十年前、私がコンサルタントになった時代、年度末に、自動車メーカーと製鉄会社で、3月31日の鉄板在庫をどちらの在庫として計上するかを相談して決めているのを見たことがあります。その時代の常識で育った世代は、あらためて倫理とは何かを勉強し直す必要があるのです。

最近でも、法律や会計基準に沿わない不祥事や、法律違反ではなくてもそれはどうなの、と問われるようなことをやっている企業はあります。また、「うちはサービス業だから、SDGs

ってあまり関係ないんですよね。やれることもあまりなくて」と堂々とおっしゃる社長にお会いしたこともあります。エネルギー消費はもちろん、企業のあらゆる社会との関わりを考えると、企業として取り組めることはいくらでもあるはずです。

儲かればよい時代、売上・利益が出ればよい時代は終わりました。さらに、売上や利益を上げることで何を社会に還元するのか、どのような価値提供ができるのかを考える時代になっています。倫理観の高い会社の倫理観の高い上司が慕われ、社員がエンゲージする時代です。

倫理観には多数の正解がある

しかし、「倫理〝観〟」には、唯一無二の解があるわけではありません。その背景には、宗教、歴史、あるいは法律の違いがあることも否めません。

倫理観というと、一見、絶対普遍的な基準があるかのようですが、実は時代により、地域により異なるものだという理解も必要です。

先ほど例に出したSDGsにしても、世界各国の賛同のもと、国連が定めたものだとはいえ、その基準は一面的なところもあります。幼い子どもたちが働かなければ食べていけないような貧困な国や地域では、児童労働禁止は物資の豊富な先進国が勝手に定めたもので、迷惑でしかない、という考え方が存在するのも事実です。

もっと身近な例で言えば、医療や看護の世界は「倫理観」について特に議論されることが多い業界です。怪我人や病人を救う中で、法律と倫理のせめぎあいが多々起こります。医師がひとりで、複数の救急患者が同時に運びこまれた時に、何を基準に誰を優先するか。医師資格のない医学生が生死のかかった患者と対峙した時にどうするか。究極が、安楽死問題でしょう。この是非については、多くの国で法規定されていますが、それでも国による違いがあり、議論も絶えません。倫理観の基準が1つではないからでしょう。法律がなかった場合、その判断は非常に難しいものとなるでしょう。

時代や国によって倫理観は変わります。今の若者には理解できないかもしれませんが、先に事例も紹介しましたが、数十年前には、商売のため、売上を上げるためなら、少々グレーなことをしても許される、あるいは仕方がないという風潮がありました。私が若い時に見聞きした例だと、自社商品を売るために、ライバル会社の商品の劣る点や悪口を吹聴して回る、店頭でライバル会社の商品パンフレットを後ろにまわし、自社商品パンフレットを前に差し替えて目立たせていたとか、そんなのは日常茶飯事でした。今なら倫理的にどうなのということになるでしょう。

もっとわかりやすい例では、賄賂（袖の下）というものもかつてはありました。お金や高額商品を包んで（渡して）「うちの商品をよろしくお願いいたします」というものです。今の若い方からすると、考えられないことでしょうし、そもそも政治家の汚職ぐらいでしか耳にしたこともないのではないでしょうか。あるいは、発展途上国での話と思うのではないでしょうか。一般的にどこの国でも、経済発展と共に倫理意識が高まります。日本でも昔は当たり前でした。大きな商売では、企業間でも当たり前に行われていた時代がありました。今は、倫理的に問題となりますし、法的にもコンプライアンス違反という判断になるケースも多いでしょう。

日本人は、意外と日本は先進国で、倫理・コンプライアンス水準は高いと思っている人も多いようですが、欧米諸国から見ると必ずしもそうではない側面もあります。

日本では、昔からお中元お歳暮という習慣があり、まだビジネスでも慣行のある業界や地域があります。日本人はお世話になった方へのご挨拶程度と思っていますが、利害関係のある間で物を贈り合うことは、多くの欧米国から見ると賄賂です。接待は今でも当たり前に行われている業界も多いと思いますが、これもグレーでしょう。

以前、外資系製薬メーカーの日本法人に欧州から赴任してこられていた社長に問われたことがあります。ある時、彼は自社製品（薬）を使っていただいている病院の院長の娘さんの結婚式に出席してくれと、そして会社で用意するのでご祝儀を持参するようにと、日本人役員から頼まれたというのです。彼にしてみると、これは賄賂にしか思えない。日本人役員からは日本では当たり前の習慣だと聞いたが、本当にそうなのか、と私に問われました。彼はこれが本社に知れたら、私はクビになると悩んでいました。

日本では、業界によってはまだまだお客様を接待するという習慣や、費用は会社持ちで付き合ったりプレゼントをするという習慣があり、全く悪気も感じていないでしょう。しかし、欧米諸国では割り勘にするとか、ランチ程度で夕食は共にしないというような倫理観の国もあります。また、逆にまだ賄賂がないとビジネスが成立しないような国も多々あります。これは、国や地域の慣習や経済発展度合いによる違いがあるということです。

■リフレクション■

☑ あなたは、上司から、商品を売るためにお客さんに嘘をつくように指示されたらどうしますか？「それはダメです。できません」と言えますか？

☑ あなたは、常に相手のプライバシーを意識した行動がとれていますか？

☑ 相手が同意していない、嫌がっていると感じていても、強引に自分の意見を押し通していませんか？

CHAPTER **8**

コンピテンシー⑥
公平性

Fairness

重要だが難しい公平性

変化が激しい環境の中で、世界は今、ますます公平性を保つことが難しい世の中になってきているといえます。

コロナ禍（2020年）、一斉に出社停止になり在宅勤務が課された時期がありました。法的に強制されると、全員が従うしかありませんが、在宅でできる仕事と在宅ではできない仕事がありました。在宅でできる仕事の人にだけ、在宅勤務を課すのは公平だったのでしょうか？そのあと、通勤が解禁された時に、引き続き在宅勤務が選択肢になった社員と強制的に通勤が命じられた社員がいました。これも仕事の内容の違いで仕方がなかったことは否定できません。ただ、本来の労働契約、すなわち就業規則に定められた働き方の規程は同じだったはずです。これは公平だったのでしょうか（他の多くの国では雇用契約がジョブ型であり（コラム⑥参照）、在宅勤務の可否は個別の契約で決められていました）。

医療現場においては、さらに非常に難しい判断を強いられました。1つしか空いていないベッドを、どの患者さんに使用するか。これはどのように判断したとしてもクレームはきますし、クレームどころか、命の危険さえあるのです。

体質や体調からワクチン接種のできない人もいます。ワクチン接種をしていないと入店禁止の店や入国禁止の国は、不公平なのでしょうか。人は常に公平性を求めます。しかし、公平性と何が正しいかという正義は一致するのでしょうか。

公平とは、すべてのものを差別ないよう、同じように扱うこと、判断や処理などが偏っていないこと、といわれます。しかし、公平性とは数式で出る正解があるわけではなく、いかに万人から納得を得られるかということです。しかし、万人に公平な判断などあるのでしょうか。多様であり、変化の激しい時代、公平性を保つことが難しいからこそ、公平性の求められる難しい時代といえます。

人事評価の公平性

もっと身近な話をしましょう。多くの人にとって身近な公平性の議論は人事評価でしょう。大阪が営業担当エリアのXさんは、担当商品や市場について一所懸命勉強し、考え、戦略を立てて、エネルギッシュに行動し、1億円を売り上げました。東京担当のYさんは、Xさんと同等以上に勉強し、考え、戦略を立てて行動しましたが、5000万円しか売り上げることができませんでした。この結果は環境の違いによる地域差だったかもしれません。結果がすべてとXさんにA評価を与えると、Yさんは公平ではないと言うでしょう。同じように頑張ったんだからとYさんにもA評価を与えると、結果を出したXさんは不公平だと言うでしょう。

どう評価するのが公平なのでしょうか。

人事評価場面では、公平性を保つために客観性が重要で、客観性を確保するために、評価はできる限り数値化する必要があるという議論がよくされます。このような議論時、私がよく説明に用いるのが、競泳とアーティスティックスイミング(旧シンクロナイズドスイミング)やスピードスケートとフィギュアスケートの比較例です。競泳やスピードスケートというのはタイムという絶対的な基準のある測定競技で、そこに不公平感の入る余地がありません。最近ではすべて機械が測定し、判定してくれます。一方、アーティスティックスイミングやフィギュアスケートは、技の完成度、構成、芸術的な表現力などの採点で優劣を競います。これは審判の判断であり、どうしても主観は取り除けません。研ぎ澄まされたプロフェッショナルな主観が求められるという表現が正しいのかもしれません。

これらの国際競技では、主観による判断のブレを取り除くために、プロフェッショナルな審判でも複数人数で採点をし、1番高い点数と1番低い点数をカットして、その間の点数の平均点を最終結果とするというルールが設けられています。プロフェッショナルとして訓練された世界トップクラスの審判の判断でも、ブレが出るという前提で、ルール化されているのです。

ビジネス上、これと同じ目的で行われるのが評価者会議です。評価に複数の目を入れることで精査します。評価者であるマネジャーには、訓練され研ぎ澄まされた判断力が求められます。評価される人は公平に評価をしてくれていると思う人を評価し、信頼します。人を評価したり、意思決定をしたりするということは、そういうものだという意識を持っておくことが重要です。

公平（Fair）と平等（Equal）の違い

よく言われていることですが、公平（Fair）と平等（Equal）の区別がつかない人が多くいます。

辞書を引くと、平等とは「偏りや差別がなく、みな等しいこと」。公平とは「すべてのものを同じように扱うこと。判断や処理などが、偏っていないこと」とあります。

公平とは「扱い」の概念であり、結果ではありません。よく言われるのは「スタート地点を一致させることが公平」です。スタート地点が公平であれば、結果が違っていてもそれは公平なのです。（「CHAPTER 4．コンピテンシー②多様性の受容」でもDE&IのEquityの説明として同じことを解説しています）

人事で簡単に説明すると、同じ基準で採用して、同じ程度の能力と判断された人に、同じ程度の難易度の仕事を与えて公平にスタートした場合、結果が異なり、異なった評価と報酬が与えられるのは公平なのです。それを同期だからと同じ評価にすることこそが不公平なのです。

つまり、結果で揃えるのではなく、スタート時の条件を事前に揃えておかないと不公平だと思われてしまうことがあるということです。

先にも書きましたが、会社で公平という言葉が一番使われるのは、人事評価の場面でしょう。評価の公平性を保つことは永遠の課題です。ものを扱うわけではなく、相手が人間だから難しいのです。

公平性理論

こうした公平性を説明するのに、公平性理論というものもあります。

人は、どれだけのインプット＝時間、お金、労力、能力などの投入に対して、どれだけのアウトプット（対価）＝報酬、利益、機会等の満足度があったかの比較で、公平かどうかを判断します。

公平性を説明するには、アウトプットだけではなく、インプットの違いから説明する必要があります。

新しい市場を開拓するのに調査分析や関係構築などにかなりの時間と労力をかけて得られた

結果と、その後開拓されたその市場で上げた結果は、いくらアウトプットが一緒でもそこにつぎ込んだインプットが異なるため、同じ評価結果では前者は公平だとは思わないでしょう。

一方で会社の立場からすると、売上への貢献度や生産性への貢献度を評価する場合、上記とは異なる結果になります。何を軸に公平性を議論しているのかを説明し、理解を共有することも重要となります。

例えば海外では、なぜ、稼いでいる現地社員より、現地の言葉も話せない、稼いでいない日本人のほうが給与が高いのかという疑問から、日本企業は現地採用社員に対して不公平だという意見が出ることもあります。派遣された日本人社員は、現地法人を代表して日本の本社に説明したり、必要に応じて説得したり、調整したりする重要な業務があるという説明をする必要があるでしょう。

「公平に扱われている」と思われる状態をつくる

マネジャーといった管理職ポジションになった時、意外とその部下に対して公平に接しているつもりでも、それができていないというケースが多くみられます。もちろん、人間ですから好き嫌いはあります。頭では理解していても、合う人、合わない人は絶対に出てしまうものです。そういう時に公平性をよほど意識してないと、話しやすい人と話す時間や自分自身を開示する機会は増え、話す内容も偏ってしまいがちです。人だから仕方がない面はありますが、他人をリードする立場であれば、やはりそこは意識を強めて、矯正していく必要があるでしょう。これはマネジャーにとっての役割責任であり、仕事です。

仕事で、あるメガバンクの支店長とご一緒することがありました。彼は全国の支店長から一目置かれている方で、本社社員や他の支店長が、色々と教えを乞う方だと噂では聞いていました。

ある時、私は、その彼も参加するワークショップのファシリテーションを実施する機会をいただきました。実際のところ彼の見た目は、お世辞にも「人当たりの良い」と思えるものではありませんでした。どちらかというと強面といったほうがよいほどで、決して話しかけやすい雰囲気の方ではありませんでした。

ところが、彼の話を聞いていると、スタッフの日常に至るまで、実に支店の隅々に至るまで把握されていることがわかりました。私は彼のことが気になり、ワークショップの休み時間を利用して、どういうことを意識して仕事をされているのかを聴いてみました。

すると、その方は「支店長になってから、30秒でもよいので、全職員と必ず1日に1回は言葉を交わすことを自分に課しています」とおっしゃっていました。

「自分に課している」という言葉を使われたことが、非常に印象に残っています。マネジャーにとってコミュニケーションは課業なのです。

こういう風にこまめなコミュニケーションを少しずつ丹念に、かつ公平に実施していくことで、相互理解が深まり、お互いに話しかけやすい雰囲気がつくられ、放っておいても新しい情報が入ってくることになります。これは組織マネジメントにとっては大変重要なことです。

昨今、1on1（ワンオンワン）という言葉が頻繁に使われ、部下と一対一の面談をするという、実はマネジメントとしては当たり前の行為が推奨されています。しかし、本当は、リーダーに対しては、月に一度1時間の面談をするのではなく、1分でも30秒でもよいので部下全員と毎日会話することで、身近な存在になり、理解が深まり、できる限り公平に信頼関係が築かれることが求められています。

もうひとつ、私の大学時代からの友人の話を紹介します。ある生命保険会社の営業部長をやっている彼の下にはいわゆる保険のセールスレディーが配置されています。自分の母親と同じ年代から20代前半の若い年代の女性まで、幅広い人材が営業部隊として30名ほど所属しているわけですが、コミュニケーションを活性化するために、全員を集めた職場の飲み会を時々やっているそうです。

しかし、彼はそこでは、絶対にメンバーからのお酌は受けないようにしているそうです。なぜなら、1人から1杯受けると30人全員から30杯、1人から2杯受けると60杯受けないといけないことになってしまうからだそうです。誰かのお酌を受けて、他の人のを断れば、当然「私のお酒は飲めないんですか」ということになり、公平性を欠いてしまい、結果、部の雰囲気を壊しコミュニケーションが停滞し、ビジネスにも悪い影響を与えるということが理由でした。部が小さかった10名程度の頃は、全員から1杯ずつお酌を受けたそうですが、20人に増えた頃からそれは無理なのですべて受けないような形に変えたとのことです。彼もこれを自分のルールとして決めているという話をしていました。

アンコンシャスバイアス

アンコンシャスバイアスという言葉を聞かれたことはあるでしょうか。日本語では、無意識の偏見と訳されます。

アンコンシャスバイアスとは、自分自身は気づいていない、ものの見方や捉え方の歪みや偏りをいいます。アンコンシャスバイアスは、その人の価値観、信念、過去の経験や知識をベースに認知や判断を無意識に行い、何気ない発言や行動として現れます。

ビジネス上でも、本人は意識していない些細な発言や何気ない行動に含まれており、「よくあること」「気にするほどのことではない」と見過ごされがちです。しかし、そのまま放置すると、社員のモチベーション低下やハラスメントにもつながりかねず、職場のコミュニケーション量低下、ひいては組織や個人のパフォーマンス低下にもつながります。


偏見という言い方をするとネガティブに捉えられますが、アンコンシャスバイアスは誰もが持っており、良し悪しを問うものではありません。

モデルは背が高く顔が小さい、野球選手は身体が大きい、子どもは落ち着きがなくうるさいなど、普段、当たり前のように思ったり口にしたりしていることの多くがアンコンシャスバイアスといえます。女性は感情的だ、男性は力が強い、うちの社員は真面目で大人しい、これら会社で耳にしそうな言葉も、万人に当てはまる事実なわけではなく、経験や思い込みからくるアンコンシャスバイアスだといえます。気をつけなくてはいけないのは、本人が良かれと思って、無意識に行っている言動です。例えば「彼女は子どもがまだ小さいのだから、残業のない楽な仕事を担当してもらおう」というのは、小さな子どもを抱えた母親は、みんなが早く家に帰って子どもの世話をしたがっている、あるいはそうしなくてはいけないという思い込みが根底にあるアンコンシャスバイアスだといえます。父親が残業を断って子どもの面倒をみてはいけないのでしょうか。それ以上に、本人の意思を無視して簡単な仕事や責任の軽い仕事を与えているとすると、それは明らかに公平性を欠いているといえます。結果として、その女性の昇進機会を奪っているかもしれません。

先に述べたように、誰もがアンコンシャスバイアスは持っています。その上で、リーダーは自身のアンコンシャスバイアスを常に意識し、不公平にならないように、自身の言動を公平に保つ努力をしなければなりません。

このアンコンシャスバイアスは、コンピテンシー②の多様性の受容（Diversity, Equity & Inclusion）でとても重要で不可欠な概念です。

職場における公平性をいかに保つか

難しいのは、どこまでいっても、公平か不公平かの判断は主観によるところがあるという点です。人はすべてが見えているわけではありません。だからこそ、人事評価にはマニュアルや研修、指導が必要であり、評価基準を含めて公開されている必要があります。ただ、それだけでは十分ではありません。人事評価を含むマネジメントには、常に上司の判断が含まれます。上司は常に説明をし、公平に扱っていることを関係者に知らしめ、説明責任を果たす義務があります。

しかし、上司がいくら頑張っても、100％とはいかないでしょう。数式のように証明がされなくても、部下が「まあ仕方ないか」と納得できるところまで、上司には説明する責任があります。それで初めて部下は、公平に扱われていると感じるのです。それで初めて、人はついてくるのです。

差別（不平等）に厳しいアメリカでは、公平に扱うことを日本以上に厳しく定めています。例えば、難聴の障害を持った人がいるとすると、面接やインタビューの時に、その人にどの程度のサポートをつけて良いかということは、障害のレベルに応じて法律で決められています。過度のサポートにより逆に公平性を失うことも意識された法律です。

昨今よく耳にするジョブ型人事といわれる、人ではなく、人の担当する職務職責を評価して報酬を決定するという仕組みは、人が人を評価すると人種や性別などどうしてもアンコンシャスバイアスが入るので、公平性を保つために人ではなく仕事を評価しようという考えから、元々はアメリカで人種差別をなくすために生まれた制度だというのは、ご存じだったでしょうか（コラム⑥参照）。

昨今の人々は承認欲求が高くなっています。

特に、Ｚ世代と呼ばれる若者は、公平に扱われているかどうかに対しては、ベテラン世代より遥かに敏感です。ＳＮＳでグループメンバーになっていることが重要な世代です。自分だけ除け者にされている、仲間外れにされていると思わせてはいけません。他の人に仲間外れにされている、相手にされていないと感じると、とても不安になる世代です。逆に、自分のことを見てくれていて、自分もチームの一員だと感じられると、安心感を持ち頑張ることができる世代です。放任ではなく承認です。公平に承認することが重要です。

私も大手コンサルティング会社に勤めていた時に、一時１００名を超える部下がいたことがありました。とても自分で全員は見れないと思い、必ずしも私の専門とはいえない約半数の部隊は、その分野に強いディレクターに任せきりにして、その部隊のスタッフとはほとんど会話をしていませんでした。ある時、任せていたディレクターに「山本さん、一度、みんなと面談してやってください」と言われて、全員とワンオンワンで面談をしたら、まあ皆さんが活き活きと話して色々なことを教えてくれた覚えがあります。当然、その後のコミュニケーションは良くなり、職場も明るくなりました。私は100名の上司なのに、50名には承認もしていなかった、100名を公平に扱っていなかったことに、あらためて気づいた経験があります。先のメガバンクの支店長とは逆の失敗例ですね。

まず、基本は、部下みんなに同じように接する。偏りなく、みんなと話し、みんなを褒め、みんなを叱る。上司にとって部下は100名でも、部下個人から見ると上司は1人です。上司の行動を周りはよく見ています。そして、公平なリーダーに、人はついてきます。

■リフレクション■

☑ あなたは、ビジネスにおいて好き嫌いで判断をしていませんか？

☑ あなたは、自分の部下全員に対し同じくらいの時間コミュニケーションをとっていますか？

☑「彼はこれが好きなはずだ」「彼女はこれを望んでいるはずだ」、良かれと思った判断が、実は自分の思い込みで、公平性を欠いていることはありませんか？

CHAPTER 9

コンピテンシー⑦
透明性
Transparency

トランスペアレントな会社

トランスペアレンシーとは、堅くいうと情報開示、柔らかくいうと「あけっぴろげ」と言い換えられます。

かつては、情報を握ることが世界の覇権を握ることになり、それをいかに早く入手するか、その上で、いかに他者に情報を渡さないか、そうした戦略が当たり前のように行われてきました。情報が重要であることには変わりはありませんが、今の時代、それをお互い私物化し、隠し合うことは、時代に即さないと考えられます。企業は競い合うことを目的とはせず、協働できるところは協力し合い、技術を出し合い、より世の中に貢献する。社会の役に立つ。その上で企業が成長を目指す。それが今の世の中の方向性でしょう。そもそも、情報を隠すということ自体が、ネットの時代に無理無意味ですし、コストの面でもマイナスに働くように考えられ始めています。

インターネットの時代となり、多くの情報が誰の目にも触れられるようになっています。またAI利用が常態化すると、情報を機密化すること自体も難しくなるかもしれません。どこでどんな技術が新たに開発されたかという情報は誰もがすぐに手に入ります。多くの必要情報は図書館に行ったり、海外まで出張しなくても、インターネットにつながってさえいれば、また

AIに訊けば、卓上で手に入ります。

オープンソーシング、オープンイノベーションというような言葉も使われる現代、お互いの技術を出し合い、それぞれが有効活用することで世の中をより便利にする時代です。我々が毎日お世話になっている、FacebookもAmazonも、電子マネーも配送システムもネットゲームも、すべてが提供サービス会社独自の技術だけでできあがっているわけではありません。既存技術に加え、新しい技術だけではなく、アイデアやネットワークで、日々新しいサービスが登場し、我々の生活を便利にしています。

日常目にする情報も同じです。購入したい商品やホテルなどの価格は、どこにいても比較的情報が手に入ります。東日本大震災の時には、被災地での困難情報だけでなく、企業が独自に保有している情報や個人が情報を開示し相互に情報交換できることで、多くの問題解決がなされました。2022年2月のロシアのウクライナ侵攻時には、ウクライナがSNSを通じてイーロン・マスク氏にコンタクトし、マスク氏の経営する会社の衛星通信システム、スターリンクがそれに応えることで、戦時下のウクライナの情報インフラが整いました。スタートアップ企業間や大企業でも、同じようにSNSを使った情報交換から多くの新規事業が起こっているのが今の時代です。情報を開示し、シェアし、オープンにコミュニケーションができることで、それぞれの成果をより豊かなものにする流れは、時代の要請だといえるでしょう。

会社と従業員の関係でも同じです。トランスペアレントな会社とは、今、会社が財務的にも定性的にもどういう状態にあって、どこを目指していて、どのような計画で、何が課題で、社長が何を悩んでいて、どうしたいと思っていて、といった情報を、社員全員が共有し、自分の会社や事業に対して、全社員が同じ目線で語れる会社だといえます。最近、多くの企業でよく使われる言葉、「風通しの良い会社」とは、本来そういう会社でしょう。

情報がオープンになっていて、誰でもアクセスが可能で、良いことはもちろん、悪いこともみんなが共有して、みんなで悩み考え、一緒に解決できる文化ができている会社です。

トランスペアレントなリーダー

あるIT系の会社では、会社の財務状況から、社長のスケジュールはもちろん、社長と社員の対話（メールやチャット）がすべて社員にオープンになっているそうです。例えば、社長が今日、A取締役とチャットでやりとりしているとそのやりとりの内容を社員全員がいつでも見られるようになっているそうです。こうすることで経営側と社員との間に隠しごともなくなります。何よりも、経営方針や経営戦略を伝える説明会をしても、なかなか社員に伝わらないという、今までの悩みがなくなります。会社の状況や環境、その環境において今やろうとしていることの意味、こういうものを社員全員が同時に理解してその上で仕事を進められるというのは、社員一人ひとりが仕事を自分ごととして判断や行動をすることができるということですから、とても生産性が高まるのです。

この会社だけでなく、多くのスタートアップベンチャー中心にこういう方式の採用が進んでいます。透明性を高め公平性を高めたこれからの経営手法の主流となっていくとも考えられます。

ある大手日本企業でカルチャー変革のリーダーとして活躍されている役員の方が、ＳＮＳに興味深い投稿をされていました。

ご自身のスケジュールを社員みんなが見えるように社内システムで公開設定にしていたら、同僚役員がご丁寧に「○○さんのスケジュールが丸見えですよ」とメールをくださったと。ご本人いわく「見えちゃいけないものは鍵かけていて、むしろできるだけ何をしているかをみんなに見せているんですけどね。こういうのを変えていかないといけないですね」と。これは、今の日本企業の実情をとてもよく表している一例でしょう。

この役員の方のようなこうした奮闘とご苦労はよくわかります。日本の会社では多くの会社で「透明性を大切に」「会社を変えていかないといけない」「風通しの良い会社に」というかけ声は飛び交っていますが、なかなか自分たちの〝常識〟は変わっていないのが現実です。

その原因は、会社のルールや制度ではありません。人の意識と行動の問題です。「透明性」を言っている本人が透明性を実施していないという問題です。そうすることが良いか悪いかという話ではありません。激動の変化が前提のVUCA時代にあって、人は誰についていきたいと考えるでしょうか。それは決して「偉い人」「すごい実績を残している人」ではありません。この人と一緒に働きたいと思える人、この人ならついていきたいと思える人です。もう、人に選ばれるリーダーは、実績や肩書ではなく、人そのものなのです。

そう考えれば、その人そのものが何者なのか、どういう考えをもって、何をしようとしているのかが見えることが、リーダーにとっては必須となります。そのためにもリーダーは、トランスペアレントでなければならないということです。

ここであげた企業リーダーの事例のように、スケジュールや発言、行動をすべて晒すことで、そこで何をしているかという内容だけでなく、具体的な発言や動き、言葉遣いや表情などから、その人の人柄もが見えるのです。

トランスペアレントでない日本の会社

ビジネスシーンでトランスペアレントではない会社とはどんな会社でしょうか。

一番わかりやすいのが、不祥事やトラブルを隠すケースでしょう。世の中に対して隠蔽体質の会社は、公開しない、隠すということが常態化して、社員同士の信頼関係も失われます。社内でもお互いに都合の悪いことを隠すようになります。そして、何か問題が発覚した時に、社内で責任の押し付け合いが始まり、企業としては、不祥事やトラブル以上に「隠した」という事実で社会でのダメージが大きくなります。

このように「透明性」に加え「倫理観」に欠ける会社は、社会的評価が落ち、学生は入りたいと思わないし、在籍している社員も、誇りや自信を持てなくなります。

私の経験から、日本企業のちょっと他国とは異なる特徴をひとつ紹介しましょう。例えば、他社事例を知りたい場合に、よその会社の事例や実態が知りたくて、コンサルティング会社に情報収集を依頼されることがあるのですが、日本では、自分の会社のことは外には出したくないという風潮が強くあります。依頼される他社情報収集プロジェクトで他社情報は欲しいけれども、自社情報は提供されないのです。

正直、これは欧米諸国ではビジネスルールに反しています。自社情報を先に開示して「弊社はこうです。貴社はどうされているか教えてください」というのが礼儀というか、海外でのビジネスルールです。結果として双方で情報交換をすることになるのですが、情報収集にかかる費用は、すべて依頼企業が負担するというのが海外での常です。日本企業からグローバルな調査を依頼されて、これで困った経験が何度もあります。

これと同じようなことは身近でもあります。日本企業と付き合っていると「機密」とか「守秘義務」という言葉をよく聞きます。重要技術情報や個人情報ならばわかるのですが、何でも会社の中の情報や文書は機密扱いというのは正しいのか疑問です。例えば、他社と共同プロジェクトを行う場合や、M&Aを検討するデューデリジェンスの場面で、自社情報を出すことに非常に慎重な会社が多く、自社から積極的に情報を提供しない、依頼があっても一度持ち帰って検討が必要などの場面によく遭遇します。その結果、海外ではビジネスや契約がうまく進まず遅延したり、結果として決裂したりするケースがよくあります。

ある日本企業とアメリカ企業の合併案件を手伝った時のことです。すでに合併する基本合意はサインされており、合併プロセスを詰めるためのデューデリジェンスフェイズに入っていたタイミングでした。両社の役員報酬の内容を交換して精査するというステージがあり、この時、アメリカ企業からはすぐに必要情報が出てきました。一方日本企業は、まず出せないという返答。理由は「今まで外部に出したことがないから」。よく聞くと、出す出さないの判断を誰ができるのかもわからず、2週間の交渉の末、本社の会議室で資料を見せるので、そこからコピーも持ち出し禁止だという判断。合併を前向きに進めているアメリカ企業からすると「なぜ？」という質問が10個くらい出てくる意味不明のやりとりだったのを思い出します。

このような場合、なぜ出せないのかという問いに、「機密情報だから」という回答しか出ず、その理由「WHY（なぜ機密情報なのか）」を答えられない、日本企業は多いように思います。

我々コンサルティング業界でも同じです。セミナー資料や研修資料のコピーライトをやたらと口にするのですが、実はその中身は自社独自のものではなく、すでに有名な理論だったり、ネットで調べればいくらでも出てくるような情報だったりします。これは、自社自分の評判を落とすだけでなく、社会の成長にブレーキをかけているともいえます。

トランスペアレントな個人

先にも述べましたが、透明性は組織の問題でもありますが、一人ひとりの個人の問題でもあります。会社が閉鎖的だと個人も閉鎖的になります。逆に会社の透明性が高くなれば、透明性の高い個人が集まり育ち、さらにトランスペアレントな組織をつくります。

では、トランスペアレントな個人、上司とはどんな人でしょうか。人柄、性格や趣味、家庭での様子まで、同僚や部下がよく知っている人ではないでしょうか。

自己開示とは、よほどのプライバシー以外はさらけ出すということですが、簡単にいうと、「俺は昔、こんなすごいことしたんだぞ！」ではなくて、「俺も昔は、こんなバカな失敗したんだよな」が話せる人をいいます。

過去の経験や成功が将来の成功につながった時代とは異なり、VUCAの時代、人は人の立場や過去の実績についていくのではなく、人柄、人そのものについて行きます。このような時代、自己開示がリーダーには不可欠です。リーダーシップの第一歩です。

人は、その人の能力やスキルだけでなく、価値観、ものの考え方、性格、生き方など、人柄に惹かれます。何か問題があった時、解決策に困った時、判断に悩んだ時、そんな時に誰に相談するでしょう。何か壁にぶち当たった時、難局を乗り越えなくてはいけない時、どんな人についてい行こうと思うでしょう。この人なら大丈夫だ。この人なら信頼できそうだ。そう思えるためには、どんな人なのかがわかっていることが重要で、トランスペアレントであることが求められます。

個人の話にはプライバシーの扱いの問題があります。もちろん、ビジネスに必要のないプライバシーは公表する義務も直接的な必要性もありませんし、知られたくない情報を開示することが強要されるものではありません。自己開示は個人の判断にゆだねられるからこそのプライバシーです。

ただ、ビジネスは人と人の関係性で成り立ちます。お互い相手をよりよく知っていた方が付き合いやすかったり、コミュニケーションをとりやすいでしょう。その結果、いざとなった時に頼れる信頼関係が生まれます。結婚しているかどうか、子どもが何人でどんな関係か、趣味は何か、どんな音楽が好きかなどは、仕事と直接関係はありません。しかし、人と人の関係性は、様々なことを知っていることで心の距離感は近くなります。

繰り返しますが、個人情報の開示は強要されるものではありません。ただ、そのような個人的なこともオープンで話せる関係性があれば、ビジネスもよりスムーズに進められます。驚かれる方も多いかもしれませんが、これを私に教えてくれたのはアメリカ人でした。

日本人は冷たい？

コカ・コーラ社は、ビジネス同様、人材のグローバル化という意味でも先進的な企業です。日本のコカ・コーラグループの会社役員は、第三国含め世界各国での経営経験を持つ多国籍な人々です。以前、コカ・コーラボトラーズジャパンの経営陣とお話しする機会があり、その時彼らに言われたことが忘れられません。

「日本人は、ドライで冷たいよね（Japanese are very dry. I was surprised.）」

彼らが言うには、日本人は個人のプライバシーというものを隠すし、また他人のプライバシーをあえて聞かないということを良しとしているが、それが極端すぎるのではないか？　お互いを知らなすぎるのではないか？　それで困らないのか？　と問われました。

「部下の奥さんの趣味が何なのか、子どもが学校でどんなスポーツをやっているのか、子どもは今、何に夢中になっているのか、こういうことを日本人の上司は知らないだろう。知ろうともしていないだろう。なぜそれでマネジメントができるのか？」

つまり、個人同士がそこまでお互いに深く知り合って、信頼関係を築き、そこで初めて相手の身になったコミュニケーションやマネジメントが可能になるのではないか、ということを彼らに言われました。彼らは新しい部下が入社すると、早速自分の家に招き入れ、他の社員も含めてホームパーティーを開いて歓待するそうです。それは、他者のことを知るということよりもむしろ、上司である自分のことを、家庭や家族まで含めて知ってもらうためだと言うのです。

それを聞いたとき、私もショックでした。と同時に、自分を知ってもらって、自分も相手のことを知る、そうした人間関係・信頼関係を築いた上でマネジメントはするものではないのか、その発想に深く共感できました。

私が以前働いていたＰｗＣでも、プライスウォーターハウスとクーパース＆ライブランドという大きな2社の合併で現在のＰｗＣとなった時、アメリカなどでは、パートナー（役員クラス）に両社出身の社員をそれぞれ同程度の人数を家に招待してバーベキューパーティーをするように、という指令が会社から出たと聞きました。

日本では、アメリカ人は個人主義でプライバシーにうるさく、同僚同士がアフターファイブなどに付き合うことはないと思われることが多いようですが、これは誤解です。たしかに、地域差はあるでしょうし、職場主催で職場の全員出席前提での飲み会などはあまりなかったり、家族付き合いなどは少ないというケースはあるかもしれませんが、私の経験では、アメリカの方が会社の同僚間の付き合いが親密という印象があります。ひとつ違いがあるとすれば、アメリカの場合は上司部下間でもあくまで個人の付き合いであり、日本企業のように職場としての付き合いの色合いは薄いといえるでしょう。

日本では昨今、ハラスメントやプライバシーの侵害が非常に問題視され、管理職も部下の情報を聞くことに非常にナーバスになっているようですが、「これを聞いてはいけない」「これは聞いても大丈夫」というように正解を求めたり、どこか方法論のみの議論に陥っているように思います。これは決して望ましい状態ではありません。「今、付き合っている相手いるの？」と聞くことがセクハラかどうかというのは、本質的な議論ではありません。それをセクハラと感じる関係性でよいかどうかというのが議論のポイントです。お互いに自己開示し、相手をより知り合える関係性が築ける。そのようなコミュニケーションが当たり前に存在する。そのような場づくりが求められています。

もちろん、中には自己開示は最小限にとどめたいという人もいるでしょう。それはそれで尊重して、必要以上に首を突っ込む必要はありません。

まずは自分から

繰り返しになりますが、リーダーはまずは自分がオープンになり、他者が自分の懐へ飛び込んで来れる状態をつくることが優先です。

こういう話をすると、自分はできている。大丈夫と思っている方も多いでしょう。でも、意外と自分のことを隠して話したがらずに、他人のことだけを知りたがる人は多いものです。今一度、ご自身の言動をふりかえってみてください。

このようなケースは、意外と日本では多いと思います。私の経験でも、他人のことはプライバシーにまで突っ込んで聴くのに、自分のことは一切話さない人がいました。正直、上下関係なく、こういう人とは付き合いにくいでしょう。

単に好奇心だけではなく、その人をより深く知りたい、理解したい、近づきたいという前向きな想いで他人のことを知りたいと思うことは重要です。同じように、他の人も、あなたのことをもっと知りたいと思っているのです。

順序はまず自分からです。まずは、自分をさらけ出しましょう。自分がどういう人間で、何が好きで、何が嫌いで、何に興味があって、どんな生き方をしてきて、今後どんな生き方をしたいと思っているのか、自分をさらけ出します。自分らしさを知ってもらうのです。するとと不思議と人は寄ってくるものです。そして、相手もどんな人かをさらけ出してくれるでしょう。

さらけ出している人には、安心して自分のことをさらけ出せるものです。

「あなたって、わかりやすい人ですね！」と笑われるのは、最高の褒め言葉なのです。

コロナ禍でわかった透明性の重要度

ＷＦＨ（Work From Home）、在宅オンライン勤務生活になり、透明性の重要性をより耳にするようになりました。

同じ時間、同じ場所を共有し、同じ条件で、同じ情報にアクセスできる状態、常に雑談ができきコミュニケーションも取れる状態で働いていたのが、２０２０年、ある日突然在宅勤務になり、必要な時にだけ、画面越しでコミュニケーションをとる生活に入りました。

その生活で一定時間が経過すると、驚くほど情報の共有が足りていないことに気づきだしました。

情報を意図的に開示し、意図的に伝達し、意図的に取りにいかないと、同じ情報を持つことができません。

例えば、今日どれだけ商品が売れているか、今日お客さんともめたこと、今日トラブルが発生したこと、今日新しい発見があったこと、今日Ａさんが熱を出して働いていないこと、今日

Bさんが何だか元気なこと、悩んでいること……これらすべての情報が意図して共有しないと、お互いに知らないまま時間は流れていきます。

これらの問題を解決するために、例えば、会社や事業の情報を社員全員がシステムで共有できるようにする、新たなWeb掲示板をつくる、毎日／毎週のオンラインチームミーティング、毎日／毎週の1 on 1ミーティング、仕事とは別枠の雑談オンライン会、メタバースによるバーチャルオフィスでのコミュニケーションの促進などが取り入れられています。

今後、テクノロジーの進歩により、よりオンラインやバーチャルでの仕事はやりやすくなるでしょう。生産性も上がってくるかもしれません。ただ、その中で、お互いの理解度が落ちていないか、信頼度合いが落ちていることがないか、十分に注意する必要があります。

社員が疎外感を感じない、承認欲求を満たし安心感を持つ、チームのメンバー意識を維持する、簡単に言うと寂しくさせない、そのような場づくりがリーダーには求められています。そして何より、隠蔽体質にしない、問題や悩みがすぐに打ち明けられて共有される、リスクマネジメントの視点からも透明性、トランスペアレンシーが求められています。

■リフレクション■

☑ あなたの上司や部下は、あなたの趣味を知っていますか？ 週末何に時間を使っているか、周りの人は知っていますか？

☑ あなたは、部下の趣味を知っていますか？

☑ あなたの同僚、友人は、あなたの強みと弱みを知っていると思いますか？

☑ あなたは、何か失敗した時に「やっちゃった！」と周りに話せていますか？ 逆にうれしいことがあった時に、周りに共有できていますか？

コラム❹ 若者が働きたい会社

若者が働き甲斐を感じ活躍している会社では、どのようなマネジメントが行われているのでしょうか。私の経験からは2種類に大別できます。

ひとつは、社員の「Experience／エクスペリエンス」を重要視し、社員が「Wellbeing／ウエルビーイング」であることを常に意識し、心理的安全な場が形成されている会社（職場）です。言い方を変えれば個の尊重がマネジメントの根底にある会社です。そのような会社では、結果としてコミュニケーションが活性化されています。例えば、若者がやりたいことは自由に主張ができ、それを極力かなえられるように周りが尽力します。できない場合には、なぜ今それをやらせてあげられないかも上司が本音でちゃんと説明できる状態が常に形成されています。このような会社では、お互いの理解が深まり、信頼関係が強くなります。結果として議論が活発化し、個の成長にもつながります。ティール組織というと、組織の形（組織図）をフラットにすることを意識するケースが多いようですが、どちらかというとこの組織文化の醸成の方が重要でしょう。ただし、この組織を機能させようとすると、社員一人ひとりが自律していることが前提となります。

もうひとつのパターンは、まったく逆で、意思決定・指揮命令系統が明確で、ルールも詳細に定められ、個人の役割責任（仕事）も明確、その結果の評価も明瞭なトップダウン型の組織です。こう聞くと「昭和？」と思われるかもしれませんが、実は今の若者の中には、明確なルールや明確な個人タスクの下で働く方が、わかりやすく働きやすいという人は意外と多いのです。自分に何が求められているかが、作業タスクレベルまで明確で、それを達成すれば褒められ、評価されるという中で、力を発揮する若者は意外と多いのです。要するにわかりやすく悩まなくて良い環境を求めます。このような組織で自律したリーダーが育つかどうかは疑問ですが、卓越したリーダーの下で、このような組織が存在するとその組織の生産性は高くなります。

以上は、限定的な私の経験からの個人的見解ですが、多くの組織では、どっちつかずの中途半端になって、うまくいっていないケースが多いのではないでしょうか。まずは、上司と部下がお互いの違いに気づき理解すること。その時、これはミクロな個人の課題ではなくマクロな社会組織の課題だという理解も重要でしょう。社会組織の中で共生し、それぞれの強みを活かす意味からも相互理解することをもう少し意識していきたく思います。強制的な矯正では、共生はできません。

CHAPTER 10

コンピテンシー⑧
適応性
Adaptability

硬直性から適応性へ

ＶＵＣＡといわれる変化の激しい時代、適応性（Adaptability）や柔軟性（Flexibility）が求められています。「しなやかな組織」という言い方もされます。

ある企業の研究開発部門でプロジェクトのファシリテーションの仕事をしていた時、「うちでは『石橋を叩いて渡る』ではなく、『石橋を叩いても渡らない』だよね」「私は上司に『石橋は叩いて壊れなかったら、叩きながら渡れ』って教えられたよ」「それはちがうだろう。うちの会社は『石橋は壊れるまで叩き続けろ』だろう」というような、冗談とも取れないやりとりを聞いたことがあります。精度を高めること、慎重になることは、大切です。しかし、これだけ多様で変化が激しく、将来が予測できない時代には、過去の常識にとらわれず、変化に対応する柔軟性が今まで以上に求められます。

難しく考える必要はありません。皆さんの会社での経験や現状を考えてみてください。会議のあり方、仕事の進め方、会社で決められた書類のフォーマット等を考えてみた時に「これって何のためにあるのだろう。本当に必要だろうか。過去はどうだったかわからないけど、どう考えても今の時代には必要ないのではないのか」と思われるようなことはないでしょうか。必要なくなっても、効率が悪くても、誰も変えようとしない。変えた方がよいとわかっていても、変えることの方が面倒で、みんなが無駄だと思っているのにずっと変わっていないものがないでしょうか。日本企業の硬直性（柔軟性のなさ）の象徴です。埼玉大学の宇田川先生が言われる「構造的無能化」の一例ではないでしょうか。（『企業変革のジレンマ』（宇田川元一、日経BP））

コロナ禍になるまでは、在宅勤務でも仕事上なにも問題はないでしょう、在宅勤務の方が時間も体力も削減され生産性が高くなるでしょう、とみんなが思っていても「決まりだから」「そういうルールだから」と生産性を無視して決まった時間に通勤していました。今度は、在宅オンライン勤務が生産性を落としていることがわかっても、コロナが落ち着き通勤に戻れるようになっても、なかなか出社の決断ができません。適応性や柔軟性のなさの極でしょう。

かなり前のことになりますが、2021年1月に、Clubhouseというそれまでとはまったく異なる声だけのSNSが登場し、一気にブームになりました。とはいえ、提供会社は日本に事務所を持っておらず、日本語の説明もありません。まだ、テスト版だとも言われていました。

大企業に勤める多くの人は、ニュースで知って「これは何だ？ また何か新しい遊びのツールがでてきたな」程度の認識だったのですが、スタートアップベンチャー企業などでは、ビジネス会議のツールとして利用を始める会社がすぐに出てきました。社長も参加し社員と色々自由に話す〝場〟を、社外の人も聴けるClubhouseで設定し、会社説明会的に会社を知ることができる〝場〟として活用した会社もありました。魅力的な会社だと思いませんか。

ミャンマーのあるプロジェクトに投資をするかどうかの判断に、中国企業は1週間で結論を出したのに対し、日本企業は10カ月かかったという話を聞きました。その間に市場は奪われるし、そもそも市場が変わります。日本企業はもういらないと言われるでしょう。私も海外のM&A案件で、買収の競合となっている海外のファンドが当日回答した投資判断に対して、日本企業は「来週の水曜日まで取締役会がないので、木曜日まで待ってください」と当たり前のように返答し、売却企業のアドバイザーを呆れさせた場面に同席したことがあります。市場より社内ルールを優先することが当たり前だと思っている柔軟性の欠如には驚きました。

伝統を守ること、ルールを守ることは大切ですが、ゲームのルールが異なる場では、その時その場のルールに適応しなければ成功は遠のきます。

投資判断に限らず、何らかの方針変更や計画変更でもまったく同じです。

こういう話をすると、「そうなんです。うちの会社は遅いんですよね」と、日本企業に勤める多くの人は言います。

でも、それは会社の話でしょうか？　何かの案件が部下から持ちかけられたときに、まず「いやあ、これは今までの前例では……」だとか、「う〜ん、簡単じゃないぞ。ちょっと時間をかけて考えてみよう」とか、「本部長にどう上げるか、ちょっと検討しよう」などと答えていませんか？

その時点で勝負はついています。多くの場合、組織の問題というのは、個人の問題の積み重ねなのです。まずは、自分から変わりませんか。

ビジネス判断としての是非も重要ですが、もうひとつ重要なのが社員のモチベーションマネジメントです。中国企業のスピード感を知って現場で苦労している部下は、先のような上司の言動でやる気をなくすでしょう。そして上司に対する信頼や尊敬の念も失っていくでしょう。

その場で「じゃあ、早速、作戦を立てよう」と、部下としっかり議論し、自分なりの結論をその場で出す。そして、上に上げることが決まれば、すぐに上に直談判に行く、この瞬発力と適応性が求められています。

世の中は日々変わっていきます。海外案件に限らず、相手との違いを考察し、クライアントがどう考えているか、競合相手がどう出るかなど、その時その場の状況に応じて、迅速に対応を変化させる。柔軟かつ適応性の高い判断と行動が求められています。
その姿を見て、部下はやる気を出すのです。

適応性を身につける

適応性を身につけるには、変化をポジティブに捉えることが重要です。
ビジネスでは、学習習慣を身につけ、変化に対する耐性を徐々に高め、柔軟なコミュニケーションを意識することが重要でしょう。また、日常生活では、小さな変化を積み重ね、何事にも好奇心を持ち、感情のコントロールを意識することで、変化への適応力を養うようにします。

ノーノーマル時代、過去の成功パターンが通用しなくなります。業界の最新トレンド、テクノロジー、経営戦略などについて常に学ぶことに加え、専門分野以外の知識も取り入れることで、新しい視点を獲得し、変化に柔軟に対応しやすくなります。リーダーは他の人以上に変化への適応力が求められます。

自分の適応性が低いと思う人は、新しいことへの抵抗感が強い人ではないでしょうか。このような人は、無理をせず、まずは小さな変化に慣れることから始めます。例えば、いつもとは少し違う方法で業務を進めてみる、何か新しいアプリケーションやツールを試してみる。今まで経験のない小さなプロジェクトのリーダーを引き受ける、などをトライしてみます。失敗を恐れないマインドセットの確立には、頑張って、失敗談をチームで共有しアドバイスを受けてみることなども良いでしょう。

普段のコミュニケーションでも、チームメンバーのアイデアを積極的に聞く、議論の場でも「なるほど」と言って一旦は異なる意見を受け入れる、多様な人との交流を増やすなどを能動的にトライして、自身の視点や価値観を広げる努力をします。

他にも、毎日の生活習慣に少しづつ変化を加えることで、変化への耐性を高めることも良いでしょう。

例えば、通勤ルートを変えてみる、普段行かないバーやカフェに行ってみる、積極的に話したことのない人と話してみる、なども良いでしょう。また、これまでは聞かなかったジャンルの音楽を聴いてみるとか、これまで興味のなかった映画を見る、異なるジャンルの本を読む、なども良いでしょう。

変化に対応するには、思考の柔軟性が求められます。「なぜこの変化が起きているのか？」を考える習慣つけすることで、新しい環境への適応力が高まります。

この世に行き残る種とは

ダーウィンの残したといわれる有名な言葉に「この世に生き残る種は、最も力の強いものか。そうではない。最も頭のいいものか。そうでもない。それは、変化に適応できる種だ」というものがあります（実は、ダーウィンの言葉ではないという説もあります）。

ただ、専門家によると、この言葉は誤解して捉えられていることが多いそうです。この言葉の意味するところは、決してAで優れていたものがBに変革できるという意味ではなく、研究的には、元々AにもBにも対応できる、非効率で無駄が多かった種が残ったと捉えられるそうです。

即ち、Xという環境下で100％の効率性で成功していたビジネスを、Yという環境に適応させることは難しく、最初からX以外の環境下になっても柔軟に適応できる余裕が必要だということです。

そう聞くと「いやいや、ビジネスというのは現市場で成功させるために100%の完璧を求めるもので、他への適応性など考えるのは無理だし、そもそもそんな余裕はない」とおっしゃる方も多いかもしれません。先に書いた「石橋を叩いて……」の話ですね。でも、ちょっと考えてみてください。新しいアイデアを出したり、ちょっとした工夫をしたりという人には、遊びがある、余裕がある、語弊を承知で言うと、「ちょっとサボっているように見える」人の方が面白いアイデアを思いつく人が多い傾向がありませんか？

こういう人は、実は、視野が広い人が多いのです。

■リフレクション■

☑ あなたは、コロナで在宅勤務になった時、すぐに在宅で生産性高く勤務ができるようになりましたか？

☑ オンライン会議はすぐに慣れて、使いこなし、オンラインでのコミュニケーションを楽しめるようになりましたか？

☑ あなたは、仕事に限らずプライベートでも、新しいアプリケーションが出てきたときに、すぐに使ってみることができていますか？

☑ 堅すぎる、真面目すぎる、と言われたことがありませんか？

CHAPTER 11

コンピテンシー⑨
俊敏性
Agility

将来が見えず目標を定められない世の中

辞書によるとアジャイル（アジリティ）とは、「すばやい」「俊敏な」という意味です。ビジネスで頻繁に使われるようになったきっかけは、ソフトウエア開発の方法論、アジャイルソフトウェア開発（agile software development）が発端です。これは、環境変化の激しい時代に、ニーズや方針の変化に迅速かつ機敏に適応しソフトウェア開発を行う軽量な開発手法群の総称です。

ＶＵＣＡといわれる先の見えない時代、中長期の目標を定め、そこに向けた戦略を策定し、戦術を駆使してビジョン達成を目指すという、過去の方法論が通用しなくなってきました。将来予測ができない中で、詳細な目標設定ができないのです。

これまで経営手法として広く用いられてきた、ゴール設定、目標管理（ＭＢＯ）、ＰＤＣＡ、等々は、中長期の目標設定があって初めて意義が見出せる手法です。将来が見えず目標を定められない世の中では通用しないと言われています。目標を定められない時代になり、Purpose（パーパス／目的）が重要と言われるようになったのも必然でしょう。

もう「Ｘ年目標達成」のために、「Ｘ年計画」を立てて、実直にその計画を実行することでは、成功は得られない時代になってしまいました。

ではどうすればよいのか。常に世の中の変化や新しい情報を、張り巡らせたアンテナで素早くキャッチし、得た情報をすぐに常に分析し、その分析結果を基にスピードを持って意思決定し、意思決定したら迅速に行動に移す。そしてそれが失敗したなら、あるいは違うと思ったら、また新しい情報を基に意思決定し直し、次の迅速な行動につなげる。これが、アジャイルな行動であり、一時よく耳にした〝Fail Fast（早く失敗する）〟です。

失敗とまでいかなくても、新しい情報により修正が必要なら、新たな意思決定の下で行動する。これを常に繰り返し進むのが、これからの時代に求められるアジャイルな経営です。

例えば、先に書いた、２０２１年に登場したClubhouseです。大企業の多くがおもちゃ扱いしていた時に、一部のスタートアップ企業などでは、すぐにビジネスツールとしてテスト利用を開始しました。

Clubhouseを利用するのはタダです。何の投資もいらないのです。それでいて、電話会議システムやZoomやTeamsなどのオンライン会議ツールより手軽で優れている面があったのです。機密性など気になる点について最低限のルールだけを決めて、使ってみればいいのではないでしょうか。これがアジャイルです。何か問題があれば止めればいいだけなのです。

朝令暮改上等

中国の故事成語に「朝令暮改」という言葉があります。そもそもは、朝方ある命令を発したと思ったら、夕方にはそれと違う命令に変わってしまうという意味です。日本では言うことがころころ変わる良くないリーダーと否定的な意味合いで使われることが多いようです。

しかし、我々が目指そうとするアジャイルの時代は、朝は右に行こうと言っていたとしても、途中でお客様の意向や環境が変わったり、新しい情報が入ってきた場合には、「ごめん、やっぱり左だった」と、夕方には方向転換を機敏にすることが必要とされます。

リーダーがコロコロと自分の意見を変えることは良くない、というような発想がまだまだあるでしょう。いったん決断したのであれば最後まで責任を取る、というような考え方が美徳として人の心の中にあるのかもしれません。

ただ、変化が大きく速いＶＵＣＡ時代には、いったん発信した決定を、状況変化に応じて、勇気をもって変更する決断が求められます。

しかし、朝令暮改の上司のもとでは、部下は振り回され大変な思いをすることになります。いかに時代の要請といえども、朝指示されたことと夕方指示されることが真逆になれば、当然部下は翻弄され、しんどい思いをすることになります。

ここで、目を向けてほしいのは、そのようにコロコロ発信が変わる上司でも「もうついていけない」と思われる人と、「しょうがないなぁ、また言うことが変わったよ、でも頑張ってついていくか」と思われる人がいるということです。

この2つの違いは何かというと、その人のビジョンやパーパス（目的）がブレていないかということではないでしょうか。次章の「ビジョナリー」で詳しく述べますが、朝令暮改でも人がついてくる人は、どこを目指すか、何を達成したいかということがブレておらず、そこに向かうための方法論だけが変わっているということです。これがアジャイルです。反対に、部下のついて行けないブレている人というのは、方針もビジョンもコロコロ変わり、何がしたいのか、どこを目指しているのかわからない人だといえるでしょう。

そういう行動が実際にできている人の例とすればソフトバンクの孫正義氏ではないでしょうか。

孫氏は一般的にも「よく言うことが変わる人」として知られています。突然とんでもないことを言い出すということで、周辺から「もう勘弁してほしい」と言われていると噂も立ちながら、ソフトバンクの本部長や役員クラスの退職者が少ないのは、やはりみんな、あの方のビジョンに惚れて共感しているからではないでしょうか。

アップルの創業者スティーブ・ジョブズ氏や、テスラのCEOイーロン・マスク氏についても、言っていることは無茶苦茶に聞こえるけれど、目指している世界にブレがないという話はよく耳にします。

「申し訳ない。朝、たしかに右に行こうと言ったけれども、今の状況をよく見ると、要求も変わってきて、左に変えた！　やっぱり最初に共有したあのビジョン、あれは何がなんでも達成したいじゃないか。そのためにはやっぱり左の方がいいと思わないか？　朝の時点ではそこまで見えてなかった。ごめん！　左に行こう！」

こういう発想や機敏な動きができることこそがアジャイルです。そういう良い意味での朝令暮改が経験として積み重なっていくことで、会社もそこに所属する個人もアジャイルな動きができる組織に、そしてアジャイルな人材になっていくのです。

朝令暮改大歓迎。これからの時代、新しい情報を基にした正しい分析の上での、迅速な変更の意思決定と行動はウエルカムで、それができないリーダーは失格といえるでしょう。もちろん、それだけのしっかりとした情報収集と情報分析ができた上でのことです。

石橋を叩く前に渡ってみる、Fail Fast

昔は「石橋を叩いて渡る」会社が良い会社とされてきました。でも、今は石橋を叩いている間に、クライアントや市場は逃げていってしまいます。

だから、アジャイルに意思決定して、Fail Fastで失敗したら、アジャイルにやり直すのです。

ある食品会社で聞いた話ですが、特定の商品類については、旧来のデータ分析をベースとしたマーケティング方法は廃止したそうです。市場データを集めて、分析して、議論して、商品開発した時には、市場の嗜好は変化していてもう売れないというのです。

そうではなくて、アイデアを迅速に形にして、女子高生などターゲット層にテストマーケティングして「かわいいじゃん」「これインスタ映えするよね」という声が出たら、即商品化するのだそうです。で、ダメなら数カ月で止めればいい。その方が効率が良い、とおっしゃっていました。正にアジャイルです。

コロナ禍、我々の身近にも多くのアジャイル事例がありました。突然コロナが流行し、非常事態宣言が出た時に、在宅勤務の決定やオンライン業務の環境整備では、企業による時間差が大きく出ました。コロナ禍での新入社員の対応にも大差がありました。その後、就業規則の整備、通勤や働き方に関するルールづくり、感染者や濃厚接触者が出た時の職場や工場の対応、諸々の意思決定でアジャイルが求められました。その時、求められる迅速な判断と行動変化において、企業によりスピードの差が出ました。コロナは待ってくれません。自分でコントロールできないことには合わせて、自分が変化するしかないのです。

制度や決めごとを遵守することは大切です。社員を公平に扱うことも大切です。しかし、命を守ることと、ビジネスを遂行し成果を出し続けることと、どちらが優先されるべきなのでしょうか。何がより重要かという価値に照らし合わせて、意思決定者が迅速に意思決定し、関係者に責任を持って説明し、迅速に行動に移す。それがビジネスにおけるアジャイルです。ルールを守ることよりも重要なことが発生した場合には、説明をしてルールを変える、或いはルールを破ってでも説明し行動に移す、これが経営のアカウンタビリティー（説明責任）であり、アジャイルマネジメントということでしょう。

先に書いたように、「石橋を叩いて渡る」どころか、「石橋は叩いて叩いて、これで大丈夫だと思ったら、叩きながら渡れ」という企業もあるそうです。「石橋が壊れるまで叩き続けろ」という発言を聞いたこともあります。

もはや、これは笑い話にもなりません。これでは、シリコンバレーや上海、深圳から出てくるスタートアップに勝てるどころか、同じスタート地点にも立たせてもらえないでしょう。

アジャイルとサンクコストの話

変化の激しい時代のビジネスでアジャイルな判断と行動を語る時に、重要かつ日本企業では曖昧にされているケースの多い、サンクコスト（埋没費用）という考え方があります。例えば、あるプロジェクトで、ここまでに5億円の投資をしてきたとします。しかし、事業を取り巻く環境が変化し、無理矢理このプロジェクトを進めても、投資費用の回収は不可能だという途中経過報告が上がった時、「ここまで投資してやってきたのだから、ここで止めるわけにはいかないだろう」と、売上が上がるまでひたすら進み続けて、結局さらに大きな損失を出してしまうということがあります。

回収困難、事業不首尾の結論が出た段階で止めていれば、会社の損失は5億で済むはずが、そのまま撤退の決断ができないがためにそれ以上の損失を生んでしまうのです。

これは個人の考え方というよりも会社のビジネスの仕組みにも原因があるでしょう。止めるべきではないかという状況が訪れた時、1回立ち止まって考えようとすらしない。最悪な例になると、「止めましょう」と上司に誰が言いにいくか、押し付け合いを始める始末。そのうち誰も責任を取らない間に、損失が膨らんでいくという図式です。

常に新鮮な情報をもとに、アジャイルな動きのできる人材がこれからどんどん出てきて、途中での計画変更が特別なことで無くなってくれば、「これ、ここで止めたほうがいいのではないですか」という話が率直にできるケースも増えてくるのではないでしょうか。簡単にあきらめろという話をしているのではありません。みんなが常に一歩先を考え、自分のやっていることが将来に向けて正しいのかを常に考えている、そんなリーダーのいる組織が求められているということです。

■リフレクション■

- ☑ あなたは、いったん決めて始めたことが「あっ、違う」と気づいた時に、すぐに頭を切り替えて必要な変更ができていますか？
- ☑ 自分が今やっているプロジェクトの方向性や方法論に少し不安がある時、別のプランを用意することができていますか？
- ☑ あなたは、注意深く、慎重に、石橋を叩いて渡っている時、常に疑問を持ちながら、自分の判断と行動の意義と必要性を考えていますか？

コラム⑤ 目の当たりにした「日本人」

２０１８年秋、香港での経験を紹介します。２０１８年、日本では関西空港を不能化した超大型台風21号（チェービー）が記憶にあると思いますが、私は、その翌週発生し、21号以上の勢力だったスーパー台風マンクット（22号）に、香港で遭遇、足止めを食いました。この時、飛行機の遅延で、あらためて〝日本人〟を考えさせられた体験記をブログから抜粋します。

（以下、ネット上のブログからの抜粋。原文ママです）

＊＊＊

今回、スーパー台風マンクット（あえて国際名称で呼ぶ。国際的には台風もハイケーンも名称がついており、番号で呼ぶのは日本だけ）の読み違いと元来の私の楽天性、判断の甘さから、香港に閉じ込められて一時は空港難民になりかけたが、スーパー台風に立ち向かうスーパータクシー運ちゃんがスーパー運よくつかまり、ジェットコースターを遥かに超えるスリル満点ドライブで空港ロビー宿泊は免れた。９月14日にフィリピンで猛威を振るった台風マンクットは16日の午前から香港を暴風に巻き込み、16日午後から17日未明に香港・マカオ・広東省を直撃し、通り道に多くの爪痕を残した。

当初、私は9月15日に深圳から香港に移動、15日夜と16日朝、知人に会い、16日午後のフライト（ANA便）で羽田へ帰国予定だった。ただ、大型台風が向かっていたのは理解しており、14日から航空会社と確認は取っていたが、当初は、随時状況を連絡しますという回答だった。事実、15日昼頃、16日朝8時10分に前倒しして飛ばすので、6時頃に空港に来るようにと連絡がきた。同時刻、夜に約束していた知人から、17日のシンガポール仕事に間に合わすためには、今飛ばないと行けなくなる可能性があるので夕食はキャンセルと連絡があった。ここで、私は、明日の朝は早く起きてでなくちゃいけなくなったな程度の思いで、夜はひとりでのんびり中華料理を楽しんでいた。深圳は翌日16日は空港閉鎖が決まったと聞いていたのに、「まあ、香港だし、8時に飛ぶと言ってきたのでちょっと遅れても大丈夫だろう」程度の意識で、天気予報や他の航空会社のフライト状況を調べることもしていなかった。

16日、朝4時30分に起きてWebを確認しても私のフライトは8時10分発になっており、ホテルをチェックアウトし空港に向かい、指示通り6時に空港についた。この時点では、雨もさほど降っていない状態だった。ところが！　着いたとたんに嫌な予感！　まず空港がガラガラ！　ゴロゴロ椅子で寝ている人たちは多数。そして、出発便の電光掲示板を見ると文字が真っ赤で、遠くから見ても明らかにほとんどがキャンセルになっているとわかった。近くに行ってみると、まあ、見事に赤字のCancelが並んでいる中、ＡＮＡとＪＡＬ便の日本各都市行きだけが、Delayとなっていた！　しかし、何時発にDelayとは書かれていない。ＡＮＡに電話してみるも、どこも通じず。

この6時の時点ではWebsiteをチェックしても8時10分発となっている。が雰囲気は、どう考えても飛びそうにない！（笑）ＡＮＡの担当者も不在。電話は通じず。6時過ぎに総合案内に行って調べてもらうと、私が乗るはずの機材はまだ羽田を出ていないと……！もう、笑うしかない！　ただ、7時になるとＡＮＡの担当者が来るからそれから聞いてみろと言われ、真面目な楽天家は、素直に従って待っているものの、7時になってもカウンターは空のまま……。時々電話をしていると、ＡＮＡ東京に通じた！　で、言われたのが「すみません。明日17日の朝8時10分になりました」この時点では、16日中に飛ぶとはもう思っていなかったので、ま、そんなものだろうと思い、明るく「わかりました。また明日の朝6時位に空港に来ればよいですね。お疲れ様です」と確認し電話を切った。そして、直ぐにホテルを確保。ここまでに、空港近辺のホテルはすべて満室で街中のホテルはいくらでも空いていることは確認しており、電車の便のよさそうな九龍のホテルを確保（まだ電車で移動することを考えていた）。さて今日帰れないとわかったら、急に空腹を感じ、まずは何か食べようかと考えたり、街中で買い物に出るのは難しいかもしれないから下着を空港で買っておいた方が良いかな……などと呑気に考えていた。実はその時点ですでにシグナル8（暴風警報、すべての学校休校、オフィスや商店は閉鎖、公共交通機関停止）だったとは、まったく知らず！ さすがに、やっぱり早めにホテルに行った方が良いかなと呑気に考えて、電車の駅に向かうと閉鎖しているではないか！ バスも動いていないとのこと！ どうやって街に行けばよいのかと係員に聞くと「タクシーしかない。しかし、タクシーが来るかどうかは知らないぞ！」との回答。タクシー乗り場に行くと、意外と並んでいる人は少なく30人位。しかし、少し待っていると、タクシーがまったく来ていないことに気づく！ その間に、暴風雨はどんどん強烈になっている！ ここで初めて、「しまった！ 空港難民になってるんだ！」とやっと気づく！！（笑）

ここで気づいた『日本人』（自分）

＊他人任せの危機管理能力の無さと性善説で他人を信じる素直さ

＊とことん最後までお客様のためにどうにかしようと努力する航空会社の美学

＊そして、結果として客も会社も会社の担当社員も、誰もが不幸になる（結果論だが）

＊多分、頑張った社員のモチベーションにはマイナスで、会社のコストにも大きく影響

＊サービス水準ランキングが高く、収益性が低い、日本企業らしさ！

ま、ジタバタしても仕方ない、いざとなればここで明日まで過ごすしかないじゃん！と意外と平静に落ち着く。が、気が付くと、どんどんタクシーの待列が短くなっている。近所なら行くというタクシーが来て、それに乗る地元民が若干いるものの、実は、多くの人たちがあきらめて（じゃあ、どこに行っていたかは不明）列から離れていることに気づく。そうこうしていると、気づくと列の一番前！（笑）ただ、私の理解では、私が並んでから市内に向かってくれるタクシーは一台も来ておらず！（笑）

するとと整理係のオジサンが、「おい！タクシーが来たぞ！」「ウソ！！」「とりあえず、早く乗れ！行ってくれるって！その代わり、通常の金額の倍くらい払うんだぞ！」というような会話だっただろうか！金額なんてどうでもよい！（笑）とにかく、タクシーに乗った！タクシーのオジサンは英語できず。身振り手振りでやりとりするが、とにかく行くぞ！という感じで空港を出る。

ここであらためて置かれている状況に気づく。とんでもない暴風雨！一歩外に出ると、嘘だろ！本当に街まで行けるのか？という不安に駆られる。が、そこは空港まで来て商売しようというタクシーの運ちゃん！飛ばす跳ばす！真横から吹き付ける暴風雨の中を

100kmでぶっ飛ばす！　周りにはまったく車はおらず！　九龍まで同じ方向に走る車とは一台も行き会わず！　反対車線ですれ違ったのが20台位だっただろうか。その間、本当に、繰り返すが、本当に！　根元から引っこ抜かれた大きな木が、我々の目の前を真横に飛んで横切った！　あとから考えると背筋が……。そのあと、突然オジサンが暴風雨の中で急ブレーキを踏んだ（これも十分怖かった！）、何ごとかと思ったら、目の前の道が倒れた大木で完全にふさがれており、高速を逆走する（少し戻って別の道へ）という荒業！（笑）まあ、とにかく、遊園地では絶対に経験できないスリルを味わった！（笑）

さて、翌日、今度は4時に起きて、同じように空港に6時前に到着。すでに、この時点で、私の中では8時10分に飛ぶというのは半信半疑。案の定、ついてしばらくすると、10時20分になりましたと掲示。そしてその少しあと、6時45分位には22時30分との修正掲示（笑）。

あとから冷静になって気づいたことだが、他の会社は前日の全便をキャンセルしており、当日はすべての便が予定通り運行されている中で、前日便を〝遅延〟にしてきたＪＡＬとＡＮＡだけが、通常スケジュールの中に前日便を一所懸命突っ込んでくれていたのだ！本当、この努力はすごい！（でも、他の会社便も同じことをしだすと、当然滑走路はパンクするので強制的にキャンセルになるでしょうね）

さてさて、そこで何が起こったか。ご丁寧なＡＮＡは（多分、ＪＡＬも同じでしょう）、日本語と英語の予定を張り出すとともに、日本人グランドスタッフがカウンターの外に出てきて説明対応を始めてしまった！（やらざるを得なくなった！）お察しの通り、日本人がそこに殺到し、おじさんは「帰らないと仕事があるんだよ。朝飛ぶって言ったじゃないか！」おばさんは「朝早く起きてくる必要なかったじゃない。ホテルの朝ごはんも食べずに来たのに！」マジか!? である。おわかりの通り、他の航空会社の前日便はすべてキャンセルになり、乗客はそれぞれ一所懸命別の便の予約を取ろうと試行錯誤し、人によっては何日も足止めを食らう人がいるだろう時に（事実そういう人たちはいた）、前日便を遅延のままで一所懸命、できるだけ早く飛ばそうとしている会社の現場スタッフに詰め寄っている日本人（乗客）。その人たち一人ひとりに一所懸命対応している日本人（航空会社スタッフ）。明らかに、そこだけが異空間だった。

ここで気づいた『日本人』

＊まあ自分勝手というか、自己責任感のないこと！

＊まあ、これだけ手取り足取りやってくれれば、自己責任感はつかないな！

小沢一郎氏の「日本改造計画」の書き出しに「グランドキャニオンでは断崖絶壁の上にも柵がない」という一節があったことを思い出しつつ、気が付くと「飛ばしてもらえるだけでもありがたいと思えないかなぁ！」と大声で言っているオジサン（私です（笑））は、皆さんに無視されて、「さあ、1日、おいしいものをたくさん食べて帰ろ！」と街に戻ったのでした。結局、飛行機は、日付変わって24時45分頃に飛んだ。航空会社の皆さま、お疲れさまでした。

CHAPTER 12

コンピテンシー⑩

ビジョナリー

Visionary

ビジョナリーとは、圧倒的な強い想いと信念

前章でも述べましたが、リーダーの指示や言うことがころころ変わると、正直、部下は堪ったものではありません。それでも部下がついてくるリーダーとは明確なブレないビジョンを持った人です。

言い換えれば、強い想いを持ち、夢を語れる人です。

先が見えないVUCA時代だからこそ、この人についていこうと思えるビジョンを持っていることがリーダーには求められます。そして、それを語って伝えることが求められます。

最終的に目指したい姿、達成したいビジョンが明確であれば、そこへの道筋が少々変わっても、リーダーの想いは伝わります。そもそもメンバーはリーダーのビジョンに共感してついてくるのです。戦略や戦術は、ビジョンを達成するための方法論でしかありません。昨今企業で使われる言葉、パーパス(目的)も近い意味があるでしょう。ぶれない「何のため」「何を達成するために」という強い想いが大切です。

このビジョンが単なる耳障りのいい話やきれいごとのお絵描きではだめです。当たり前です

が、率いるリーダーの強い想いや信念がセットでなければ、人はついてきません。

将来が見えずに不安な、VUCAの時代だからこそ、人は過去の実績やテクニックについてくるのではなく、その人のビジョン、夢、さらには価値観や人間性など、人そのものについていくのです。

これからのリーダーは成功者であること以上に、「一緒に働きたい」「この人と一緒に働けばワクワクできる」「自分が成長できそう」という魅力が求められています。

ビジョンを語る部長と他人ごとを語る部長

ある時、2つの大手企業のコンサルティングを同時に請け負っていました。内容は異なるものの、どちらも会社全体に関わる企画案件で、クライアントは共に本社企画系部署の部長でした。当初は、どちらの企業も業務や課題を整理するのが上手くなく、論理的に整理して説明する力に欠け、正直、何がしたいのか何をして欲しいのかが私に、なかなか伝わらず、イライラする毎日でした。私も良くないと思いつつも愚痴が口をつくような悪いルーチンに陥っていました。

ところが、数カ月付き合っている間に、ふと気づくと、A社に関しては相変わらず愚痴が出るものの、B社に対してはとてもやる気になっている自分に気づきました。なぜだろう？何が違っているのだろうと考えてみると、A社の部長の話は、常に「上がこう言っているから」「どうせ、上が××しろというから」「役員会にかけなくてはいけないから」という調子なのに対して、B社の部長は「×××を達成するために頑張りたい」「×××な会社にしたいんですよ」「私のミッションは××××で、これをやりきることが、この会社で最後の仕事だと思っています」と、2人の話を聴いていて、主語がまったく違っていることに気づきました。

正直、A社ではスタッフも一所懸命働いているのはわかるのですが、目の前の課題解決に時間とエネルギーを使うものの、何を達成したいのかが見えず、楽しく仕事ができているようには、私には見えませんでした。正直、私もやりがいを感じることができず、私自身、A社の仕事はもう受けたくないと思いました。

一方、B社の方は、相変わらず説明が上手でない企画部長の意図を組んでソリューションを目指す難しさは変わらず、迷走することは多いものの、どうにかして結果につなげたい、どうにか力になりたい、と私自身も思うようになっていました。

私のような外部の人間ですらそう思うのですから、直属の部下だと、その想いはもっと強くなるでしょう。

「自分のビジョン」を語る

自分のビジョンと言われると、自分のビジョンって何、個人のビジョンって何と思われる方も少なくないでしょう。ビジョンという言葉は使わなくても、誰しもが、どうなりたいか、何をしたいかという夢や想いは持っているのではないでしょうか。必ずしも大それた想いである必要はありません。口にすること、言葉にすることはなくても、どんな人生を送りたいとか、将来何をしていたいかとか、どのように社会貢献したいかとか、どのようなリタイアを迎えたいかとか、ぼんやり考えたことはあるのではないでしょうか。個人の人生設計のビジョン、働いている会社で一メンバーとしてのビジョン、社会人としてのビジョン、それぞれあるのかもしれません。それらを整理して考えてみると、多分どこかで重なってくるところが見つかるはずです。社会の中で生活している自分と会社で一所懸命働いている自分は同じ人なのですから。

個としてのビジョンと企業人としてのビジョンが一致していてわかりやすいのが、自分で事業を起こす起業家でしょう。一方、多くの一会社員からすると起業家や経営者でもない自分が仕事でビジョナリーな人になるとはどういうことか、と思われる人もいるかもしれません。簡単に言えば、それぞれの立場で与えられた自分の仕事に納得感を持ち、自分ごとに落とし込んで、やりがいを感じている、当事者意識と目的意識を持って仕事ができているということでしょう。納得して当事者意識を持つことができるのは、自分自身の価値観やビジョンと担当する仕事の方向性が一致している時でしょう。それがやりがいにつながります。例えば、何か社会貢献をしたい想いを持っている人がＮＰＯの仕事に就くのはわかりやすいでしょう。ご老人に安心と幸福感を与えたいと思う人が介護の仕事に従事されるのもわかりやすいでしょう。働く女性の役に立ちたいというビジョンを持っている人が、働く女性にとって助かるグッズやサービスなどの仕事を担当する場合もそうでしょう。逆に最もやる気の出ない仕事は、自分の価値観に照らし合わせて、やりたくない仕事で、例えば、地球環境を大事にしたいという価値観の人が、環境に悪影響を及ぼすような仕事は長続きしないでしょう。

私のような人事人材マネジメント業界でいうと、個人のキャリアや人生の役に立ちたいという人はキャリアカウンセラーや人材紹介業が合致しやすいでしょう。一方、私のような組織人事コンサルタントは会社の業績向上に寄与するのが仕事です。社員のモチベーションを高めることも仕事ですが、それは企業成果につなげることが目的であり、時には報酬減やリストラの手伝いも仕事になってきます。人事コンサルタントという仕事に前者のような人は合致しません。

ある大手企業の依頼で、管理職の方々で会社の将来を考えるオフサイト・ワークショップのファシリテーションを担当した時の話です。いったん、普段の仕事から離れて考えるために、私服で郊外の施設で泊りで実施したのですが、「貴方はどのような会社にしたいですか？　貴方は将来どのような職場で働いていたいですか？」という問いに、皆さん、「何をしたいか」ではなく「何をしなくてはいけないか」「部長として何をすべきか」という解になってしまいます。私が「いったん現在の組織での立場を離れて、自分自身が個人としてどうしたいか、どうなりたいか、という視点で考えましょう」といくら話しても、「自分が何をしたいか」と「部長として何をすべきか」の区別がつかないのです。

会社に忠誠を誓い、一所懸命組織のために働くことを否定するつもりはありません。ただ、組織と個が一体化してしまい、本来の個を失ってしまうと、必要な変革も起こりません。VUCAの時代にこれは致命傷です。

間違っていただきたくないのは、ここでいう個人のビジョンというのは、組織や会社のビジョンのオウム返しではなく、自分自身の価値観に合致した人生のビジョンになっているかということです。

会社組織では、組織あるいは「会社のビジョン」という意味合いでしか「ビジョン」という言葉を聞いたことがない人が多いものです。そうではなく、「私自身のビジョンは何か？」、これを考えてほしいというのが、本章でいちばん伝えたいことです。

ノーノーマル時代だから求められるビジョン

ノーノーマル時代においては、会社組織の一員として生きていくなかで、自分が持っている個人のビジョンと会社や組織が目指しているビジョン、この2つをどうやって一致させ整合性をとっていくかということを常日頃しっかりと考えられており、活き活きと働いている上司が、ロールモデルであり、皆が一緒に働きたいと思えるリーダーの姿です。

現在のような激動の時代、つまりノーノーマルの時代にはなかなか正解が見えません。一寸先がどうなるかわからない世界の中では、会社という組織の中で指示に従い、他人の敷いたレールの上を歩き、何かに頼るのではなく、自分自身でレールを敷いて行くリーダーが求められます。自分自身の価値観や信念に頼って生きる、という必要性がより強くなっています。ビジョンというものは昔から重要でしたし、ビジョンが大切だと言われてきましたが、これからは会社組織のビジョンだけではなく、個人がそういった自分の人生の軸になるものなくしては、自分自身も、またついてくる人たちも路頭に迷うことになるでしょう。自分で自分の人生を設計していく時代です。

私は最近、企業ビジョンを達成するために事業計画や戦略に落とし込むようなプロジェクトのお手伝いをすることがよくあります。例えば中期計画を見せていただくと、「XX年にはこういうものを達成します」というような会社のビジョンがすでにできあがっており、この実現に向けて、部門として何を実行し、その中でそれぞれ個人がどう役割責任を果たすかというこ とを考えるファシリテーションやコーチングをするような内容です。

実際にプロジェクトがスタートしてみると、先の事例のように多くの場合、部長以下の個人が自身のビジョンを持てておらず、会社のビジョンも上から与えられたもので、達成のための検討も自分事になっていないということがわかります。例えば、事業計画のプレゼンテーション資料は、一見きれいにまとめられています。ところが、よく見ると、最初の数枚に素晴らしい会社のビジョンが書かれていても、そのあとは、単なるハウツーであったり、目の前の課題解決の説明になっており、まったく想いが伝わらない、何をするのかという説明に始終してしまっているケースに多くであいます。

これまでのノーマル時代には、これでもやっていけました。会社のビジョンを達成するために、目標を設定し、その目標達成のためにはどうすればよいかを計画し、ひたすらその計画通りに行動する。それを達成するためには、個人のビジョンはさほど重要ではありませんでした。ある程度先が読めるノーマル時代には、環境変化もある程度予測できる中で、目標もクリアに設定でき、予定調和の中で、現状の課題解決から考えてもビジョン達成に近づくことができました。

ところが、先の読めないノーノーマル時代には、ビジョンを設定し、ビジョンを達成するためには、現状の課題解決ではなく、徹底した情報収集の上で、どういう世の中になるかを想定し、そこに向けた道筋を議論し考え、そのために何をすべきかを考え、戦略と戦術を描きます。現在の課題解決を考えるのではなく、目指す姿を達成するためには何をしなくてはいけないかを考えます。課題解決ではなく、理想を目指す道筋を考える上で重要になるのが、自分自身の価値観やビジョンと一致させる作業になります。試行錯誤しながらやり遂げるためにも、個人のやりがいに結びつけることが重要です。これのできるリーダーは、そのあとの業務でも自分事になり、やりがいを持ってリードしていることが見て取れ、スタッフも安心してついていけます。

また、VUCA時代には、予定調和どころか、いつ前提条件が変わるかわからないわけですから、常に新しい情報を収集し、常に方向性を考え、必要に応じて予定を変える判断もしなくてはいけません。ビジョンが自分ごとに落ちていないと、迅速な対応もできないでしょう。

先の例のように上から与えられた組織や会社のビジョンに対し、現状を基準に課題解決で近づけようとするだけでは、ビジョン達成に近づけないでしょうし、これではノーノーマル時代のリーダーとしては失格です。

今までは、会社が目指しているゴールも目に見え実現性も高く、その役割の一端を担っていることが自分のやりがいにつながりました。

ところが、自分がやっていることも世の中の環境も刻々と変化する現在、ビジョンは理解できていても、ビジョンと自分のやりがいを結び付けにくくなっています。ノーノーマル時代、ビジョンを自分ごととして語れるリーダーが求められています。

今までに出会ったビジョナリーリーダー

人がついて行きたいと思うリーダーは、人として完璧なリーダーなわけではありません。ビジョンを語れるリーダーです。

アップルの創業者スティーブ・ジョブズ氏も、テスラやスペースXの創業者で、2024年の大統領選挙でも有名になったイーロン・マスク氏も、強権だとか、とんでもない自分勝手だったという話も聞きます。しかし、彼らが無茶をいう時にも、それが何のために無茶を言っているのかがクリアなのでしょう。

スティーブ・ジョブズ氏のビジョンは、性能の高いコンピューターをつくることではなく、人々の生活をより便利に、より楽しい世界をつくるツールを世の中に提供することでした。イーロン・マスク氏のビジョンはテスラを当初から自動車会社ではなくエネルギー会社だと位置づけ、ソーラーエネルギーを中心としたビジネスで炭素エネルギーの削減をビジョンとして掲げていました。そして、将来の人類が火星を生活の場とできることを目指すというビジョンのもと、スペースXという会社を立ち上げ、今では世界中の宇宙事業がスペースXを頼るようになっています。リーダーのビジョンに賛同するかどうかは、個人の自由です。そもそも、掲げるビジョンに賛同して、他の人がついていく人がリーダーと呼ばれます。その意味から、リーダーには、クリアでわかりやすいビジョンが求められています。

私の今までの経験からも、多くのビジョナリーリーダーを見てきました。私が出会った何人かの方々を例として紹介します。

ソフトバンクの孫正義氏は、「情報革命で人々の生活を幸せにする会社として、最低300年続く会社にしたい」と言われ、そのために300年後の世界を想像し自分の言葉で語られます。吉本興業の大﨑洋前会長は、笑いで幸せを届ける会社であり「笑いより、自分の処遇や趣味などが重要な社員は辞めてもらっていい」と明確に言われました。あるウォルト・ディズニーの役員は「1人でも多くの子どもの笑顔が見られれば、それで良い」と言われました。ある製薬会社の役員で研究開発所長は、「寿命を延ばすのではなく、健康寿命を延ばし、楽しく生きられる時間を延ばす仕事をしたい」とおっしゃいました。ソニーの前社長平井一夫氏からは「やっぱり、仕事って楽しくやれる方がいいでしょう。感動を与える会社がビジョン（現ソニーではパーパス）なんだから、まずは自分たちが笑顔で感動をしていなくてはいけない」という話も聞きました。

私の勤めていたＰｗＣでも、あるシニアパートナー（上級パートナー）に「ＰｗＣが大きくなるということは、それだけ多くの企業や人にソリューションを提供し、より多くの人により良い社会を提供し、より社会の役に立つということだ。だから、ＰｗＣは大きくならなくてはいけない」と言われ、この人と一緒に仕事をしたいと思った覚えがあります。

何を目指しているか、何のために働いているかがクリアなリーダーは、格好よく、この人と一緒に働きたいと思うものです。

シンプルに「あなたは何がしたいのか？」

あなたが何をしたいのか、あなたがどういう理想や信念を持って働いているのか、そういうものを見える化してほしいと強く願います。これは、私が願うより遥かに強いレベルで、あなたの部下が思っていることでしょう。上司は何を目指して、何を目的に働いているのだろうか。そういうものが共感できる人のもとで働きたい。そう思っているのではないでしょうか。やはりリーダーは、自分自身のビジョンが明確になっていることが重要です。

例えば会社のビジョンに「お客様から愛される存在になる」と書かれていたら、「まず、私がお客様から愛される存在になる」と宣言することは良い例でしょう。ただ、その言葉で終わるのではなく、自分の考える「お客様に愛される存在」とはどういう姿かということが、自分の言葉で語られ、それが実践されていないといけません。常にお客様の課題や希望を意識した対話ができている。常にお客様の先を考えた提案ができている。このような行動ができるということは、言葉だけではなく、本当に自分の想いになっているということでしょう。中心に立つ者が想いを宣言し、その実現に邁進していれば、現場の人間にも通じます。お問い合わせセンターなら「電話を切ったあと、笑顔になってもらいたい」、店舗勤務なら「少しでもお店のファンを増やしたい」と、自分ごととしてのビジョンを見出せるのではないでしょうか。そうすればおのずと、変化に対応できるブレない強い組織にもつながるはずです。

ノーマルがある時代に育ってきた上の世代は、Xをやれば次にY現象が起こる、もうちょっと頑張れば課長になれる、といった、ある意味、予測可能な予定調和の中で生きてきました。もう、そんな時代は終わりました。ノーノーマルの時代は、先の読めない、予定調和のない時代です。自分は何をしたいのか、何を目指すのか、何を軸にするのか。難しく考える必要はありません。「私は○○がしたい。○○になりたい」、これをシンプルに追い求めればいいのです。自分が自分のビジョンを理解し、意識する。それがノーノーマル時代のリーダーの第一歩です。

■リフレクション■

☑ あなたは、自分のビジョンを持っていますか？ 将来どうなりたいか？ 何がしたいか？

☑ あなたは、理想の職場や理想の働き方を考えたことがありますか？ それを口にしたことはありますか？

☑ あなたは、会社のビジョンを深く考え、自分自身のビジョンと結び付けて考えたことがありますか？

☑ あなたは、夢に向かって進んでいますか？

コラム❻ ジョブ型から考えるグローバルリーダー

組織人事コンサルタントをしていてよく聞く日本企業の悩みに「うちの会社では、グローバルリーダーがいない。育たない」という話があります。グローバルリーダーとは何なのでしょうか。日本国内で優れたリーダーとは何が異なるのでしょうか。

ちょっと、ここで、いったんリーダーシップの話から脱線して、コロナ禍で人事のバズワード化した「ジョブ型雇用」について考えてみます。

「ジョブ型雇用」とは、欧米的ともいわれますが、この「ジョブ型」という言葉は日本語です。日本でできた日本特有の言葉です。そもそも日本以外の国では、ジョブ（職務）やポジションと契約をして、ある特定の仕事に就くという雇用契約形態が通常です。わざわざジョブ型と呼ぶ必要がありません。それに対して、日本のほとんどの会社では、就業規則に沿った働き方をする所属契約を会社と結び、特定の職務には固定されない雇用スタイルで、メンバーシップ型雇用と呼ばれます。日本での雇用契約は、実は就職ではなく就社です。

ジョブ型雇用（外国型）とメンバーシップ型雇用（日本型）の主な雇用と人事の違いを比較一覧にすると以下のようになります。

メンバーシップ型とジョブ型の人事の違い

		メンバーシップ型	ジョブ型
雇用・契約視点	契約	会社への所属期契約 一般的に無期契約	職務ポジション契約 一般的に有期契約
	会社と社員の関係	雇用・被雇用関係	対等関係
	人事権	会社（本社・人事部）	現場責任
	雇用流動性	低（長期・終身雇用）	高（転職前提／容認）
人材マネジメント視点	採用	新卒一括（＋中途） 継続的一定人数採用 適応性（全人格？）で採用	職種別・随時（中途が多い） 事業計画基準・補充採用 知識・スキル・経験で採用
	配置配属・異動	会社主導・会社裁量	なし・同意前提・公募
	教育研修	全員対象・階層別	自己啓発中心・選抜型
	評価	処遇決定目的・長期雇用前提	成果管理・人材開発目的
	報酬	内部公平重視・年功配分	外部競争力・市場価格重視
	退職	定年退職・自己都合退職	成果管理（PIP）・退職勧奨 自主退職

相互作用・経路依存

（出典：「ジョブ型 vs メンバーシップ型」中央経済社）

この図にあるように、それぞれの雇用契約形態や人事制度の形には、経路依存性があり、自由に良い所取りをできるものではありません。例えば、長期／終身雇用前提だからこそ、新卒を一括採用し、配置配属し、階層別などある程度年功的な運用が成立するのがメンバーシップ型です。

日本企業でグローバルリーダーが育たないという話は、何十年も前から耳にすることです。これだけビジネスフィールドがグローバル化した現在でも取り残されている大きな課題です。

グローバルフィールドで活躍し、文化国籍関係なく多様なスタッフが明るく働き、尊敬してついてきてくれる。価値観が異なり、わがままで多様な人材を、しっかりとリードできる。そのような理想のグローバルリーダーとはどんな人でしょうか。よく聞くのが、しっかりと個として自立自律していて、明確なビジョンを持って、組織と自身の役割責任にコミットメントが高く、他人の意見をしっかりと聴けた上で、自己主張がしっかりできる人、というような回答です。

どうでしょう。10のリーダーシップコンピテンシーを兼ね備えた人と一致するように見えないでしょうか。事実、日本企業の方々に10のリーダーシップコンピテンシーの話をすると「いやー、素晴らしいけど、これって神様か仏様って感じですよね。実際にこんな人いますか?」と言われるのに対し、欧米の有名企業で聞くと「そうそう、そんな人。うちでも上に行くリーダーは、こんな感じの人だなあ」と、まったく違う反応が聞かれるのです。

そこで、以下の表を見てください。雇用や人事制度のあり方の違いにより、結果として、社員の意識と言動が影響を受け、組織文化が形成されます。この表は、ジョブ型とメンバーシップ型の違いの結果としてできる社員意識と組織風土の傾向を表しています。

その中で、グローバルリーダーに求められるといわれる傾向の強いものを太字で表して

メンバーシップ型とジョブ型の社員意識の違い

	メンバーシップ型	ジョブ型
結果として醸成される組織風土マネジメントスタイル被雇用者の意識等	会社への所属意識・コミットメント	仕事／職責へのコミットメント
	ジェネラリスト志向	スペシャリスト志向
	長期・終身雇用意識	中短期雇用意識
	安定志向	競争・上昇志向
	集団責任	自己／個人責任
	会社組織への依存	自立自律
	受動的	能動的
	根回し・忖度	活発な議論
	予定調和・迎合	自己主張・我儘
	チーム重視	個の尊重
	組織力	個の力
	フレキシブル組織	硬直型組織
	調整・調和型リーダー	意思決定型（強い）リーダー

（出典：「ジョブ型 vs メンバーシップ型」中央経済社）

います。

見ていただければ一目瞭然でしょう。日本企業で求めているグローバルリーダーは、海外の雇用スタイルであるジョブ型雇用環境で育ちます。本社の雇用・人材マネジメント環境がメンバーシップ型で、その中で長年適応してキャリアを積んでいては、海外のジョブ型に求められるグローバルリーダーはそう簡単に生まれません。

CHAPTER 13

優しく厳しいリーダーを目指して

ビジネスは厳しいもの

ここまで述べてきたノーノーマル時代に求められる10コンピテンシーを単に優しいリーダーだと誤解してもらっては困ります。いつの時代も尊敬でき、ついて行きたくなるリーダーというのは、常に自分にも他人にも厳しいものです。

最近、私がコンサルティングをしていて、非常にまずい誤解、間違った理解が蔓延していることが気になります。「心理的安全性のある職場を目指したら、緩くなってしまって、かえって成果が落ちてしまってダメでした」「これからは、チャレンジを重視し、チャレンジを評価するということで、いくらでも失敗できるんですよ」「パワハラをやめるということは、トップダウンの指示はダメで、すべて自主性に任せるってことですよね」このような声を耳にします。もちろん、これらは全部間違いです。

ビジネスは成果を目指すものです。成果を二の次にして綺麗ごとを言っていて、ビジネスがサステイナブルなわけがありません。

心理的安全性というのは、相手の顔色やご機嫌を伺うことなく、自由闊達に意見を戦わせる議論のできる場をつくるということです。チャレンジというのは失敗を恐れるなということであって、失敗して良いということではありません。前例に従うのが常に正解ではなく、前例を疑い、失敗を恐れず挑戦しなさいということです。パワハラとは言動、方法論の話であり、ビジネスの本質の話ではありません。責任を負った上長が時に厳しく指示指導をするのは仕事です。その指示指導がやる気と成果につながらないとビジネスとして意味がないわけで、相手のやる気をそぐような方法論だと成果につながらないでしょう、というのがパワハラ防止の本質です。

楽しく働くというのは、やりがいを持って働くということであり、自由にわがままにして良いということではありません。ある意味、ビジネスは厳しいものです。その厳しいビジネスを如何にやりがいのあるものに感じさせることができるかがリーダーの腕の見せ所です。

ビジネスの場で求められるリーダー

今一度、10のリーダーシップコンピテンシーを振り返ってみます。

ノーノーマル時代に求められるリーダーは、何にでも①好奇心／Curiosityを持ち、②多様性を受容／Diversity, Equity & Inclusionすることができ、同時に③謙虚さ／Humbleを持ち合わせ、④傾聴／Active Listeningができる。その上で、⑤倫理観／Ethicalと⑥公平性／Fairnessに基づいた判断ができる。それが常に⑦透明性／Transparencyが保たれている。また、VUCAの世の中の変化に常に敏感で、⑧順応性／Adaptabilityがあり、⑨俊敏性／Agileityを持って変化への対応ができる。しかし、その変化も伴う判断と行動の裏付には、常に不変である⑩ビジョナリー／Visionaryが存在している（Visionを持っている）。

こういう人は、知識が豊富で話が面白く、人の話を親身になって聴いてくれて、その上で自信を持って判断し行動ができる。しっかり自分で責任と自信を持って意思決定ができる人です。

ただ、ビジネスの場で求められるリーダー像を考えると、上記とは違う次のような言葉も出てくるでしょう。ビジネスに必要な経験と知識の豊富な人、高い専門性を身につけた人、ビジネスに必要なネットワークを持った人、成功体験を持った人、等々の言葉が出てくるのではないでしょうか。全て正解です。ただし、これらは、すべて知識や経験の話で、コンピテンシーではありません。これらの知識や経験を持った一緒に働きたいと思う人、尊敬できる人を思い浮かべてください。その人たちは、10のコンピテンシーの多くを身につけており、その結果として知識や経験を獲得しているのではないでしょうか。

10のコンピテンシーを持った人が、ビジネスに必要な知識や経験を身につけるのです。そして当然のこと、10のコンピテンシーを持ったリーダーは、ビジネス上の実績も上げています。10のコンピテンシーをベースにして、ビジネスの場では専門性を持ち、ビジネス成果を上げていることが、ビジネスリーダーにとっての必須条件となります。

グローバル化、ＩｏＴ／ＡＩ化、ジェネレーションギャップ、コロナ禍……。今後も環境変化は続きます。その変化速度は今までよりまだまだ速くなるでしょう。その変化の大きさはこれまでより大きくなり、我々の想定を超えた変化が起こり続けます。リーダーにとっては益々大変な世の中になります。

しかし、どんな時代においても、リーダーシップとは人が人に与える影響の話であることに変わりはありません（ＡＩが出てきても、多分まだもうしばらくは）。

難しく考えることはありません。人が人と交わり、チームをつくる時、人がいかにやりがいを感じるか、いかに生きがいを感じるか。そのような場をどうやってつくっていくか。それを考え続け、一緒に場づくりをしていく中で、少し先を行く、それがリーダーです。

そんなリーダーが求められています。

おわりに
～笑顔が絶えず、成長し続ける組織を目指して～

コンサルタントとして、30年以上、組織人事を見てきて言えることは、間違いなく、今、人材マネジメントが変革期に来ているということです。

現場の労務管理や安全衛生から始まった人事の仕事は、本社企画スタッフを含む全社員を管理するために、就業規則や人事制度をマネジメントインフラとして整備し運用することが、これまでの役割でした。しかし、最近、組織人事の世界でよく耳にする言葉を列挙すると、モチベーション、エンゲージメント、キャリア自立、ウエルビーイング、コーチング、メンタリングなど、制度や仕組みなどのインフラの話ではなく、社員個々の働き方や働きがい、やりがいなど、個人の話がテーマになってきています。

もちろん社員個々のマネジメント精度を上げるためのインフラ整備は重要ですが、最終的に社員個々人のキャリアややりがい、幸せの醸成に寄与できるのは、人事部門ではなく現場の上司、すなわち現場のリーダーです。

このビジネス環境変化が激しく、かつ個人の価値観も多様化した時代に、組織の成果につながる人材マネジメントは、人事部でできることには限界があり、現場のリーダーが重要な役割を担うようになっています。

その背景から、本書で紹介した10のリーダーシップコンピテンシーが重要です。

組織人事コンサルタント30年以上のキャリアから、ビジネス環境や働き方が、これまでにない大きな変化の時期に差し掛かっていると、自信をもって言えます。

歴史学者、経営学者、哲学者もが言います。人類が火を使えるようになった時、印刷技術で情報を伝達できるようになった時、我々は、それ以来の人類の生き方に大きな影響を与える変革期に生きていると。

バラク・オバマ元大統領は言います。

「私たちの世代は、ある意味敷かれたレールの上で予測可能な人生を生きてきた。これからは全く何が起きるか想定できない中で、自分でレールを敷きながら前進する、エキサイティングな時代になった。Z世代の若者が羨ましい」

ノーノーマルな時代。

過去の成功が、将来に対し意味を持たなくなりました。ゴールや目標を定めても意味が薄い時代になりました。だからこそ、ビジョンを持つことが重要になっています。

リーダーが詳細に行先を決めて引っ張る時代は終わりました。

参加者が、皆で、アンテナを立て情報を収集し、それを常に共有し、議論し、迅速に意思決定して、迅速に行動する。そして、違うぞ？と思ったら、また議論し、すぐに方向転換をする。そして、試行錯誤しながら、前進する。議論と思考を止めない。それを常にポジティブに取り組む。メンバーが自律して、能動的に動く。常に議論が絶えず前進している。そのような場をつくり上げ、サポートしつづける。それがノーノーマル時代に求められるリーダーシップです。

信頼関係（Trust）が構築され、多様性・異様性を受容（Inclusion）でき、相互理解と共感（Empathy）が醸成され、心理的安全性（Psychological Safety）が確保された職場。

笑顔と笑い声が絶えない、同時に熱い議論が絶えない。

そんな職場をつくることができるリーダーがいることで、組織は成長しつづけることができるのです。

1人でも多くのリーダーが育ち、1つでも多くの職場が成長しつづけることを願っています。

2024年12月

山本紳也

［著者略歴］

山本 紳也（やまもと・しんや）

株式会社HRファーブラ　代表取締役

慶應義塾大学理工学部管理工学科卒、イリノイ大学経営学修士課程終了（MBA）。プライスウォーターハウスクーパースジャパンにおいてパートナーとして人事・チェンジマネジメント部門をリード。組織・人財マネジメント戦略に関わるコンサルティングに30年間従事。ビジネス戦略達成のための組織・人財マネジメント、考える組織の開発、グローバル化時代のリーダー開発、M&Aにおける人事サポートなどに経験豊富で、活力とイノベーションの生まれる組織と個の新しい関係を生涯の研究テーマとする。著書に、『ジョブ型vsメンバーシップ型』（共著、中央経済社）、『外国人と働いて結果をだす人の条件』（幻冬舎）、『人事の本気が会社を変える』（経営書院）、『新任マネジャーの行動学』（経団連出版）などがある。その他、組織人事に関わる論文・講演は、国内外において多数。

ノーノーマル時代《じだい》を生《い》き抜《ぬ》く
リーダーシップの教科書《きょうかしょ》

2025年3月21日　初版発行

著　者　山本 紳也

発行者　小早川幸一郎

発　行　株式会社クロスメディア・パブリッシング
〒151-0051 東京都渋谷区千駄ヶ谷4-20-3 東栄神宮外苑ビル
https://www.cm-publishing.co.jp
◎本の内容に関するお問い合わせ先：TEL（03）5413-3140／FAX（03）5413-3141

発　売　株式会社インプレス
〒101-0051 東京都千代田区神田神保町一丁目105番地
◎乱丁本・落丁本などのお問い合わせ先：FAX（03）6837-5023
service@impress.co.jp
※古書店で購入されたものについてはお取り替えできません

印刷・製本　株式会社シナノ

 ISBN978-4-295-41072-0　C2034